[清] 贡布嘉 著

罗桑旦增 译注

藏籍译典丛书

汉区佛教源流记

青海人民出版社

图书在版编目（CIP）数据

汉区佛教源流记 /（清） 贡布嘉著；罗桑旦增译注
. -- 西宁：青海人民出版社，2019.10
（藏籍译典丛书）
ISBN 978-7-225-05862-7

Ⅰ．①汉… Ⅱ．①贡… ②罗… Ⅲ．①佛教史—中国
Ⅳ．①B949.2

中国版本图书馆 CIP 数据核字 (2019) 第227065号

藏籍译典丛书

汉区佛教源流记

（清）贡布嘉　　著

罗桑旦增　译注

出 版 人	樊原成	
出版发行	青海人民出版社有限责任公司	
	西宁市五四西路71号　邮政编码：810023　电话:(0971) 6143426（总编室）	
发行热线	(0971)6143516/6137730	
网　　址	http://www.qhrmcbs.com	
印　　刷	深圳市国际彩印有限公司	
经　　销	新华书店	
开　　本	720mm×1010mm　1/16	
印　　张	9	
字　　数	150 千	
版　　次	2020 年 9 月第 1 版　2020 年 9 月第 1 次印刷	
书　　号	ISBN 978-7-225-05862-7	
定　　价	36.00 元	

汉区佛教源流记

·········序言

陈庆英

中央民族大学藏学研究院的罗桑旦增副教授将他翻译的《汉区佛教源流记》的打印稿给我，要求我为他的译稿写一篇介绍。我对于此书，虽然曾经在 20 世纪的 80 年代中期四川民族出版社出版其铅印本时大概翻阅过，深知此书的重要，但是由于时间关系以及自己阅读藏文佛教典籍有一定的难度，所以没有能够细读。这次阅读罗桑旦增先生的译稿，使我对此书的了解增加了不少，愿意应罗桑旦增先生的要求，在此对罗桑旦增先生的"译者说明"做一点补充，以帮助读者了解此书。

　　本书的作者，藏文署为 mgon-po-skyabs，罗桑且增先生译为"贡布嘉"，若按蒙古人读藏文人名的通例，应该读作"贡布扎布"，也就是他的另一部重要的译著《造像量度经》的汉文木刻版上所署的"工布查布"。关于他的家族，据《造像量度经》木刻版的几篇序言的介绍可知，他出生于内蒙古乌珠穆沁部的一个贵族家庭，即他在本书的结语中所说的他是元太祖成吉思汗"黄金家族"的后裔。乌珠穆沁部在锡林郭勒盟的北部，清代分左右二旗，右旗的封爵有扎萨克和硕车臣亲王一、镇国公一、辅国公一，左旗的封爵有扎萨克多罗额尔德尼贝勒一，都出自成吉思汗的后裔多尔济。工布查布的名字不见于这些封爵的传承世系，但是本书藏文本的题跋称他为 mi-bzang-gung-Io-chen-mgon-po-skyabs(贤德公大译师工布查布)，加上他自称是成吉思汗的后裔，因此他可能是出身于乌珠穆沁部的一个闲散台吉的家庭，后来到北京担任官职，在雍正朝和乾隆朝做民族语文的翻译工作，曾经担任过清朝的"西番学总管"的官职。据他自己在本书的题跋中所说，他是一个懂得四种语文的受过近事戒的官员，他的老师是在全蒙古都十分著名的班智达席力图国师。这四种语文应该是指满、蒙、藏、汉四种语文，在乾隆朝时期，乾隆皇帝命三世章嘉呼图克图主持，将藏文大藏经的《甘珠尔》部分翻译成满文，为此建立了译馆，并且开始汇编《四体清文鉴》，所以在当时说懂得四种语文成为一种时尚。清代"西番学"实际上即是清朝中央政府中负责藏语文翻译的机关，隶属于理藩院，在乾隆皇帝把他父亲雍正帝的住所雍王府改建为藏传佛教的寺院雍和宫以后，西番学的学生常到雍和宫和僧人一起学习藏文，故此西番学的官员和学生对藏传佛教的典籍应该是相当熟悉的，并且出现了一批能够在汉满蒙藏等语文之间熟练翻译的人才。我们对工布查布的一生经历虽然还不能详细了解，但是我们可以肯定，他是雍正、乾隆时期活跃于宫廷的民族语文翻译部门的一个蒙古族官员。

正是由于工布查布长期在理藩院任职，他结识了许多蒙古族和藏族的高僧。本书的题跋中说，他把他的一些藏文著作和译著送给了四川德格的遍知一切司徒活佛，请司徒活佛批评指教，这些著作包括《汉区佛教源流记》《蒙藏合璧大词典》《造像量度经》《金刚寿陀罗尼经》《金刚寿陀罗尼经修习法》《秘密舍利陀罗尼》《无二尊胜经》《天文历法》等。从这一次赠书的目录可以看出，工布查布是一个蒙文和藏文水平都很高的学者。也正因为这一机缘，大概是由于司徒活佛的推荐，德格印经院将《汉区佛教源流记》的藏文本刻板印行，使得这部重要著作得以流行于世。而他的《造像量度经》的汉译本则是在北京刻板印行，并且很早就受到国内外研究藏传佛教造像艺术的学者的注意，成为研究佛教艺术的学者们必备的重要参考书，为他赢得了很高的声誉。

关于《汉区佛教源流记》的主要内容和价值，罗桑旦增先生在他的译者说明中已经作了简明扼要的论述。清代是我国多民族统一国家的一个重要发展阶段，在这个阶段我国各个兄弟民族相互之间的经济文化交往更加深入广泛，其中，在满族皇室的倡导下，满、汉、蒙、藏等民族由于共同的佛教信仰，在宗教思想文化的交往方面取得了很多重要的成就，例如篇幅巨大的藏文、蒙文、满文和汉文《大藏经》的翻译和刻版印行，《四体清文鉴》(后来加上维吾尔文形成《五体清文鉴》)就是在康雍乾三朝一百多年的"盛世"中完成的巨大的文化工程。而这部《汉区佛教源流记》是由蒙古族学者用藏文编写的讲述汉族地区的佛教的历史的著作，反映了在清代信仰藏传佛教的蒙藏僧人和学者对汉族地区的佛教历史的关注和认识，并在藏族地区的德格印经院刻板印行，这在历史上是这几个民族文化交流的一段佳话。现在，这部讲述汉传佛教历史的藏文著作又由来自西藏拉萨的学者罗桑旦增先生翻译成汉文，介绍给汉族的学者，这件事情的本身，就体现了我们多民族统一国家中民族团结合作精神的久远的历史和强大的生命力。正是这种思想文化的交流和合作，构成了中华民族强大的凝聚力的深层的基础。

汉藏文古籍的翻译，不论是从汉文翻译成藏文还是从藏文翻译成汉文，都是十分艰辛的工作。因为在 20 世纪，中国社会发生了巨大的变化，汉文和藏文也随之演变，原有的汉藏对照的辞书已经不能适应翻译的需要，而新编的汉藏对照词典，也难以满足翻译古籍的需要。缺乏合适的工具书，是从事汉藏古籍翻译的学者首先要遇到的难题。其次，汉文的佛典和藏文的佛典都经过了上千年的积累，有大量的生僻的专门术语和固定的表达方式。而且历史上的许多人名、地名、寺院名称等，对于我们也变得非常陌生，要将它们准确地对译出来，是要耗费许多时间和精力的苦差事。往往一个词语的翻译，就需要耗时多日，甚至需要多次地反复冥思苦索，个中的辛苦，唯有做过这种工作的学者心中自知，却难以对他人言说。罗桑旦增先生在繁忙的教学工作中，挤出时间，持之以恒，潜心学术，刻苦钻研，终于完成了本书的翻译，其精神令人钦佩。他的这部译著，对于研究汉藏佛教交流史的学者，定会提供重要的资料，在这个重要的研究领域发挥重要的作用。

汉区佛教源流记

········译注者说明

　　《汉区佛教源流记》，或名《汉区弘法情形概说——明慧同喜耳饰》，作者贡布嘉，是蒙古族藏传佛教学者。他虽未曾出家为僧，但其佛法造诣却极深，尤精于语言文字，因他精通蒙、藏、汉、满四种语文，故被称为贤者公大译师贡布嘉。贡布嘉大译师的生卒年代不清，但他是清乾隆时期之人氏，《汉区佛教源流记》是受与当时任乾隆帝国师的章嘉呼图克图同一时代的蒙古大活佛西尔克图的嘱托撰著的。依此推算，此书成书于18

世纪末，依作者的"公"之称谓来看，也许清朝授封他以公爵。总之，作者才华出众，深受众人之钦佩。

《汉区佛教源流记》的主要内容有三点：

其一，简要讲解祖国内地的山川湖海，人口地理，行政区划，从而歌颂了祖国的锦绣山河。随之概述我国自三皇五帝起直至清顺治年间的漫长历史。

其二，讲述在汉区所流传的佛教情形。重点讲述印度、罽宾、僧伽罗等国的佛教大师至汉区弘传佛法、度僧、作历代皇帝的"应供处"及翻译佛经等事迹，如最初至汉区传法的印僧伽叶摩腾、竺法兰以及随后陆续至汉区的印僧鸠摩罗什、菩提达摩、金刚智和不空金刚等等。与此同时，介绍了诸多汉区高僧的生平事迹，如道融、智颛、法藏、唐玄奘、义净、一行、澄观等德高望重的汉僧。讲解了汉区佛教的五大宗，即律宗、密宗、深观宗(即法性宗，亦称空宗，其宗分天台、华严二宗)、心要宗(禅宗)、广行宗(即法相宗，或称唯识宗)；天台宗的五时八教和华严宗的五教等等。

其三，元代至元二十二年，即1285年，庆吉祥等汉藏两族佛教高僧和学者在元大都(今北京)，对藏汉两种不同文字的佛教三藏经籍，按类逐一进行核查校对，勘察注明异同、有无、多寡，然后加以编排目录，遂形成世称《至元法宝勘同总录》之十卷佛经目录。本书作者贡布嘉大译师，将《至元法宝勘同总录》之主要书目，以及勘察注明汉藏两种经卷之异同、有无和多寡等情况均收录于此书中，并予必要的解说，以便使不通汉文的藏族读者大开眼界，目睹许多以前未曾见过的汉译佛经。

从以上内容我们不难看出，贤者公大译师贡布嘉对汉区佛教是何等谙熟。作为一个少数民族的学者，对汉区佛教的认识上或有些许不当之处，但在当时的历史、地理、交通、语文等诸多条件下，能阅览参考如此丰富之汉文佛教经卷，并将之译成藏文收编于此书中，确实难能可贵。如果说藏族学者多罗那它所著《印度佛教史》，在印藏文化的交流方面所作的贡献为学界所共睹，那么蒙古族学者贡布嘉所著《汉区佛教源流记》，在汉、蒙古、藏三族文化的交流方面所作的贡献并不亚于《印度佛教史》。总之，此书是我国民族文化交流和民族团结的有力象征。

　　我于 2001 年年底将书稿彻底整理完毕。在紧张的译书过程中，我曾多次得到周润年教授的热情鼓励和全力相助。乌力吉、陈庆英、苏晋仁三位教授亦为我解答了难题，在此特向他们表示真诚的谢意。完成此书的汉译，与我爱人周凤兰的操心操劳是分不开的，她在工作和繁杂的家务中，总是抽出时间为我借找有关资料，打印和校对译稿，一直伴随至收尾工作的终结。

　　值得欣慰的是，该译本出版以来得到了社会的认可，今青海人民出版社有意将其纳入《藏籍译典丛书》再次出版，本人一并致以谢意。

2019 年 5 月 3 日

目录

1

引言

南无古如跋，

圆满大乐性所具，

千万殊胜化身者，

二利任运成就祥，

世尊能仁王赐福。

领悟文殊妙语诸上士，

赞汝立秋群星环绕中，

高悬日轮非仅礼而经三察[1]，

信念更坚肃然起敬矣。

顶礼汝造经典三藏[2]大珍宝，

迎此地为利乐之本者，

迦叶[3]玄奘[4]以及诸译师，

诸大师和众菩萨王臣。

罪过穷尽功德圆满之，

佛和诸佛子等三能蕴[5]；

被称之为妙吉祥名号，

妙哉无有有情不依彼。

尤其专为净愿化机者，

显现幻化之身佛尊兮；

余是文殊菩萨之庶民，

请予承受直至轮回边。

导师命余于此大怙主，

所化支那汉区传法之，

情形尽力以藏文著之，

师命难违造此文章矣。

　　此文共分三部分内容。首先总论汉区风土人情及其简史，其次概论何时出现何诸佛教大师，复次讲说由彼等渐次弘传之佛经名称品类。

注释：

[1]三察：即三量伺察。通过现量、正比量和极成比量三种正理分析观察。

[2]经典三藏：指经、律、论三藏。

[3]迦叶：即迦叶摩腾，详见第二章译注[52]之"摩腾"。

[4] 玄奘：通称"三藏法师"(602—664)，俗称"唐僧"。唐代僧人，旅行家，中国佛教四大译经家之一，法相宗创始人。13 岁出家，21 岁受具足戒。唐贞观三年 (629 年) 他等从长安西行至印度，师从戒贤修习佛法，其名声仅次于戒贤，曾游历印度等数十国。贞观十九年 (645 年) 返回长安。其西行求法，往返 17 年，旅程 5 万里。自贞观十九年起 22 年间，主要从事译经工作，先后翻译大小乘经论 1335 卷。

[5] 三能蕴：指文殊菩萨，文殊师利的别号。

第一章　总论汉区风土人情及其简史

其一，正如《一切怛特罗之王即吉祥时轮续部》所云："真实出自空性中，犹如盐出自水及小鸡出自鸡卵一般。"此大密曼荼罗有许多大小不等之表格，彼等均被大海所隔离。世称此瞻部洲之大基地是其中之一格，此地有一百多个大小不等之地域，其中有一地域是《文殊师利根本仪轨经》所授记之圣地，其授记中云："汉区地域极辽阔，文殊师利最殊胜。"这一圣地亦如吐蕃与大蕃一般，广州等少数印汉边界之地称之为汉，由此以内泛称为大汉，仅以边陲与腹心之差而已。天竺人称此汉区为摩诃支那。摩诃意为大，支那乃汉语秦之讹音，西洋等西方人称之为金。其原由是，古时在秦王朝中，属秦始皇威力最大。其人具有惊人之忍耐力，于国内以大丈夫之大勇建立威慑一切之王政，于国外联合西蜀和匈奴等其他方面。从此秦之名称永恒流传于世。是传讹过错或不知何因，总之，藏人称汉区为甲那。汉区东邻东海，南与安南和占城等边疆相毗连，与边境百姓密切联系；其他两方皆为长城所环绕，其各方所环绕长达一万里。一般东南部地区地势低下，其腹心地区位于季夏日道上。此组成中原之大地域划分为十三省，各个时期因人口增减和区域大小不等，省份之数虽不可能完全固定，但现有十六省，即直隶、沈阳、江南、山东、陕西、河南、山西、湖广、浙江、江西、福建、广东、广西、四川、云南、贵州。有五大岳即五大山，彼等乃中嵩、泰山、南衡、华山、北恒。还有四大名山，即四座著名大山，此乃五台山、普陀山、峨眉山和九华山。复次，有四渎，即四条江河，彼等乃长江、黄河、淮水和济水。尚有五湖，即五大湖，彼等是太湖、鄱阳湖、青草湖、丹阳湖、洞庭湖。另有太行山、陇山等大山，渭水、汉水等大江。一登武当山和庐山，神奇非凡，为此圣境，敬慕之心，油然而生。更有四大京师，即人主常住之四大宫殿所在地，彼等乃北京、长安、洛阳和南京。其次有五个中等城市，彼等是上京、成都、涪陵、昭通和杭州。还有平阳、彰德等七个小市。另有顺天府城、通州等中等州城，以大修县（音译——译者注）为首之县城计两千个，大小镇十余万个。纳税户近一千万户，具体人口不计其数。真可谓：秦国左由苍龙浩海抱，右为金虎长城所环绕。十三省是聚集珍宝盘，各方一万里长之范围。神奇灿烂辉煌五须弥，五湖四海庄严龙王殿（指京城——译者注），文殊现人形者之神殿，四京师之周围二千城，小镇十余万及总数为，将近一千万户之人口。

依赖如此之根基者乃黔首黎民矣，云彼等是大地之微尘，此话言之有理而不过极。于不同时期对全民大主有三种不同称呼，即皇、帝、王。若要解字，皇即善、大、主及导师等义；帝为汇集、尊敬等义，是对地方而言，可作"王""天"理解；王是自在，即犹如磁石吸引铁屑般，众有情之内心不由自主地倾之于彼，而彼为获得极大之权威者，可作"主人""主要"理解。广义而言如法治国者为王，但从诸文献卷子看，因依补特伽罗（即人——译者注）之高低贵贱而分类，故于后期，秦始皇帝创立转轮王[1]之帝制后，其人傲慢骄横，认为己之功德与三皇平齐，事业却超过五帝（三皇五帝介绍于下），遂将皇帝二名并排冠之，由此至今形成了皇帝二名并列加于一切汉王之俗。遂亦形成王之名号封与最大邦主之规。因登基和掌权方式不同，则形成两种情形。其一，即一王功德圆满，忠贞不渝，成为众所指望者，并受到众人尊敬之王者，被称为王道。对众生生起悲悯心，为利乐众生制伏一切暴君，并夺其王位使九生平安者亦当同上。但前者更为圆满。其二，即生起贪欲之心，仅依武力及计谋抢劫他方，使之束手无计时，将彼等划归己之辖区者，被称为霸道。王字如上，《说文解字》中云："王字三横一竖，三横义为天、地和人。一竖，即天地人之性相遍知无误，并能有条不紊地驾驭一切，使之灵活自如。"因有情之中，人是最上者，故由人说起。霸有位高权重及最严厉之义，大邦之主亦称之为霸。道有法、路及铁等含义。复次，由于时代和化机之差异，道之含义亦非一成不变。主要顾及调伏者或对治之功德及其心理特征。对此《大方广菩萨藏文殊师利根本仪轨经》中授记道："全汉区之所依处，世称彼为宝藏王。队伍庞大势力强，广依上师听受法。亲戚眷人十分多，蛮人敬彼彼胜利。释迦教法是宗旨，童子大主宰^[2]之咒，尽心竭力勤修习。因具巨大威慑力，明王八字大勇士，大名由此而得矣。此乃圆满之圣地，彼以幼稚之心态，一心为王政而祷。凡是由彼稍一念，必定是真佛陀矣。人主为江山社稷，转生为王不少劫，殊胜布施乃无上，一想便能获得矣。彼将授记全授与，梵天等诸天界神。况且一般恶神及，人世间之众有情。享年一百五十岁，往生天神居住处，最终此法全威者，证得圣妙菩萨果。童子所讲一切明，将于此地迅速传，而非任何其他明，菩提萨埵大勇士，妙吉祥乃大光辉。真身显现童子形，居于彼之诸地域，于悉地^[3]最上净土，使人圆满获成就。"如是，于授记中一连串地讲述一汉王及其臣民等，此汉王依次获得权力、财富、自在、长寿、上生以至最终证得菩提果位，以及汉区不但是文殊菩萨之殊胜化土，而且是文殊菩萨亲身居住之悉地最上净土。许多印藏贤哲，于其经籍论典中提到支那汉区是文殊菩萨近持之殊胜所化刹土，大概都依于此授记。尤以五台山为著称，其原由乃正如《大方广佛华严经·诸汉地人菩萨行宫授记品》所云："于东北界有清凉山（五台山之别名）者，此即劫初众菩萨结集之地，文殊菩萨及其眷属万众菩萨至今仍常住于此地，并仍广泛讲说妙法。"支那汉区有一诸菩萨大勇识居住之行宫，其名曰无贪之子窟（认为是五台山东峰岩窟），此行宫是劫初诸菩萨大勇结集并常住之处所也。又如印度三藏大师菩提流支所译《宝髻陀罗尼经》或别名《文殊师利陀罗尼咒大勇八字详细仪轨经》中所云："由是薄伽梵赐语与秘主金刚手云：余涅槃后，于东北处有名为摩诃支那之大国，此国有山名曰五台山，文殊菩萨以平安威仪居住此山，为利乐一切众生，广说妙法引导有情。天龙厉鬼八部等无数眷众环绕于彼，恭敬侍奉。"等等如是不止一次地广泛讲说。此珍宝王究竟何人虽未曾见过详细说明，但必定是诸菩萨王中某一者，其寿数乃重点或象征性之表现。伏羲以前（汉区）无文字，耳闻和以比量测定之各种传说故事不予赘述。此亦古时最初三皇，随之五帝，三王者依次而至。皇与帝的认识有两种不同主张，依多数人中所流行之孔安国[4]之见解记述如下：

三皇之第一皇太皥伏羲氏。此王以木之功德治国，种姓为风，与《时轮经》中所云众生之产门总摄四类，木即风之产门相同。此王绘制了表示一切知识汇总一集之图像八卦，八卦即八印或八相之意（藏族人称八尔卡杰，是也）。为避免乱伦及守护节操，创立婚姻制。委托仓颉首创文字。如是云：1. 象形，2. 指事，3. 会意，4. 形声，5. 转注，6. 假借等。一切字义六书定，名辞含内一切事，统归文字做标记，一切字义六书集。当时用漆将文字写于竹简上，而仅书篆字。后来秦始皇有一臣，其名为李斯，彼为书写迅速而简便起见，创制了隶字。大将军蒙恬用兔尾创造毛笔，并用松枝熏烟创造墨水，然后将字书写于帛等绸缎上。后期有由宦官蔡伦创造的纸，后来由于渐次流行楷字和草字，致使文字过于简单而造成违背六书之恶果。又因许多虚伪和无聊之论典的散布和其他多事之故，加之李斯、蒙恬等人之所作所为，虽眼前看来有些效益，但从长远顾及却危害匪浅。伏羲即位一百零五年后驾崩。据传不含本人共传十五代，朝代名称及其执政年数均不详。

第二皇炎帝神农氏。此王以火之功德治国，此五行替换之式下面亦可类推。但其差异在于，凡属王道者概以生化类推，属霸道者则以克养类推之。此王为使贫穷百姓从苦难中解救出来，首创耕田播种五谷，为平均贫富开创贸易。有医师名祁发（音译——译者注），神农从彼学医，为使人类从疾病和死亡之危难中得救，首次撰写医学论典。诊脉能断疼痛病根及兴衰之情，此乃印度等多数国家未曾有过之神奇而独特之医术矣。即位一百四十年后驾崩。依次出现后裔王七代。不含本人总共执政三百七十年，最终一代炎王因不善治国而国力衰退时，王族出身之大臣名蚩尤，其人神通广大，是一鬼神，彼发动叛乱，废黜炎帝。首次制造弓箭刀枪等各种武器，彼性情残忍，穷凶极恶，杀人成性，使天下百姓忍无可忍。彼时，有一小邦国，此国童子王年仅十一岁，名曰轩辕。此王具足圣人之圆满功德，众人知道后欣喜若狂。遂经共同协商，大小邦国都一致同意推举轩辕为总管，并将心愿禀报与彼。彼为威慑蚩尤及其鬼神眷众，首先制造能发出狮子、大象和龙等奇形怪兽之吼声者即以锣、大鼓以及粗细黄铜号角为代表之各种威武雄壮之乐器，与此同时还制造除敌防害之武装胄盔、大小盾牌，领军之英雄标志幢及幡，大小军旗等各种武器。当时，当彼外出指挥作战部署时，于其头顶上常有两块彩霞犹如抵挡烈日一般。依此形状制造伞，此为人类最初之伞。复次，供品、铠甲、武器等亦源于此时。随之，轩辕和蚩尤两军交战于涿鹿，蚩尤施放大烟雾，企图使对方一切军队迷失方向而徘徊于大雾中，但轩辕却制造一圆盘，用此辨别方向，致使轩辕仍然稳操胜券。现今名为圆罗盘即源于当年。最后蚩尤败阵而逃时被捉去处以死刑。此即最初之死刑，随之天下人从灾难中得救得益。众人忠心拥戴彼为顶髻般之王。此即第三皇帝轩辕氏。彼委托其皇后编织绫缎，最初制造蓝肩帔及黄裙如印象中之天地，并造鞋帽等各种服饰，用扫除黑暗愚昧之日月来表现其色彩、外形、数序等等，具有从表象中感知其真实内含之特征。复次，彼见树叶漂浮于水面后，以此为样式，制造最初舟船。以星曜运行道及下方二河之外形与走向为式样发明车。彼考察旁生之自性后，教人凡是能使唤之牲畜均可役使享用。首次布置如何使商道畅通无阻，货源茂盛；如何做好上供下赐之仪轨；如何依贵贱高低及内外差别，建筑房舍及城堡。由此，大王所管辖之四周领地所属大小邦计一万个。彼细考星曜，分五行，造由十天干十二地支总括之年月论典。发明浑天仪，以为直观教授年月论典。现今之自鸣钟及避雷针等，亦属于此类。为使内外（外即器世间，内为有情，即指主客观——译者注）和谐、温和安乐起见，发明精密器乐。撰著本性现证之黄帝经典《内经》。《内经》即内法也，此乃最初之经典。总之，此黄帝既是依众生之心愿作相应教言，全面发展昔日所存之成为利乐因缘之旧规，创立往昔未曾有过之新规者，又是官师相兼之圣人，即位一百年后晏驾，享年一百一十一岁。于彼时，其属下众庶民缅怀其功德与恩惠，于一净室内置其用具及拐杖等物，以示怀念，并常有人瞻仰侍奉。此乃最初之宗庙矣。三皇时期就此结束。

五帝即第一帝少昊金天氏。少昊金天氏乃伏羲之次子，火龙年即位，执政八十年，一百岁晏驾。

第二帝颛顼高阳氏。颛顼高阳氏乃少昊长子昌意之子，火鸡年即位，执政七十八年，九十六岁晏驾。其小弟被北方一邦国推戴为王，其后裔乃后期魏国之诸王也。高阳氏有十二子，此十二子后来发展成为以下将述之诸帝王，即帝尧、帝舜、帝禹次第三王、秦始皇、汉朝诸帝，即六帝及大小邦主等等颇多。高阳氏曾孙名篯铿者，被小邦彭国拥戴为其国国王，其王自帝尧直至建立周朝为止一直健在，享年八百岁，世称彭祖矣。

第三帝帝喾高辛氏。帝喾高辛氏乃第一帝之孙，木马年即位，执政七十年，一百零五岁晏世。又，第一帝时期，世间之祥瑞已圆满，所有人皆沉醉于幸福之欢庆中。第二帝时期，小邦国王高氏眷众等人心境宽阔，而又喜于作鬼神之事。因非时供施及不应作之祷祝颇多，盛行盟誓立公证人等，造成紊乱鬼神、疾病和灾荒等各种不善之事频频而起。彼时，帝高辛氏托付其大臣南正重制伏鬼神，彼又托付北正黎调伏众人。二人以各自之法术平定散乱后，太平与安乐恢复如初。第三帝高辛氏具足弘扬昔日善规等功德，恩重如山。随之，高辛氏之子帝挚即位，此王由于对祖先之善规弃置不管，随心所欲。诸大小邦国都视彼为祸根，经众商定后被废黜，立其弟放勋为王。

放勋是第四帝帝尧陶唐氏。于此之前，历代帝王均无年号，此王以唐国之王为理由，取年号为唐。此举正如所谓，彼时有情名回来。帝王年号自此以后一直沿用至今。为此，又称彼为唐尧帝。彼即位之元年为木龙年，此年有一南方边陲百姓名瑞祥氏者，向帝进贡一只龟，帝观之，见龟背上绘有节气详图。帝通晓后，遂大力传播历算。诸算命者所云摩诃金龟，起源于此矣。自木龙年至（清）乾隆元年即火龙年，整整过去四千零九十二年。其子丹朱缺乏贤者之功德，放荡不羁。为收回其心首创棋。复次，帝尧王虽忠贞不渝，所属一切百姓常享幸福及行善积德。尽管如此，但彼认为此乃诸帝王之应尽职责，而并非稀奇之事。突然此王忧愁，心想若有人行不善之事，归根结底主要责任在于自己。此王生性将自利置之度外，而对他人即使是一人，亦不忍彼挨饥受冻，是一仅仅承担利乐众生之重任者。王想王位继承者除具重人轻己而开诚布公之杰出人士外，任何人皆不配。遂聚众宣布，广寻贤哲。彼时，高阳氏后裔所在之一小邦有名瞽叟者，其长子名舜。舜虽日复一日地度过承受其父、其继母之子即其弟三人合伙打骂及役使之苦难日子，但彼对其父亲不但毫无怨恨之心，而且彼对其父所怀之慈父感情与日俱增。父令彼携犁去历山坡上耕田。当彼耕地时，突然出现一只大象助彼耕田，大群乌鸦为彼拔草。近邻见此情景都为之钦佩不已。人们陆续前来彼之所居之地定居，犹如鲜花之芬芳引来蜜蜂一样。头年形成一区域，次年成为小镇，第三年变成一大城市。彼等互爱互助，和睦相处，从未发生过离心离德现象，彼此熟悉者则更亲密无间。王闻此情后，召彼于王前，封彼为四门[5]之主，以此考验其外行；妻二公主与彼，以考内行。如此考察后，充分显示其高尚品德及自性、俱生之内相。由此，帝尧知彼

13

况且邪行，连谄、诳、诡谲三者中任何一个都丝毫无损其善行，遂令彼继承其摄政王位。彼任摄政王后，招贤纳士，除恶扬善，辅佐朝政二十八年。尧王执政八年后驾崩，享年一百一十五岁。随后舜同丹朱至南海，共同朝政三年。凡天下问事者至丹朱住地后，遂往舜居住处上表请示，拥戴为王。舜即位，此即第五帝帝舜虞氏。

随之，丹朱因不胜任朝政，封彼为客见天子，此规一直保留至今。年号为玉（音译——译者注），其子商均缺乏圣人功德。先王之臣名禹者具有如舜之功德，昔日帝尧时期，有一年山洪横溢，江水一涨，大多农田和农舍被水淹没。彼见此情景，九年之内忍受苦役，治水不已，开通水道。因彼具有常时救度众人于水患之恩惠，故封彼为摄政王。创柔和器乐五弦琴和二十五弦瑟。造歌之论典，以调和内外界。尧舜二王时期诸有情清净安乐，吉祥圆满。直至今日，凡遇上吉祥时光便称之尧舜时期，遇善规亦称为尧舜之规。后期凡最贤善之王，亦称彼为第二尧舜或小尧舜，已成为口头禅。执政四十八年（似九十八年）后晏驾，享年一百一十岁，五帝时期就此结束。

随之，禹至阳城，三年闭门不出。如舜时一般，众人不分贵贱反对舜之太子即位，遂禹执掌朝政，取国号为夏。此即三王之第一王夏禹王，是高阳氏孙也。亦即皇帝曾孙之第二代。其子启虽具圣人之相，但彼想到二先王之规公正严明，遂封名为伯益之贤明邦主为摄政王，将众天神及数万大小邦主聚集于会稽山，分辨善恶。考验后继者时，有名为有扈氏者逞其势强力大，不服命令而未至其集会。遂惩彼以死刑，将尸弃之。此人又称巨人，据说其身之每一大骨节合一车之载量。此王即位十年后晏驾，享年一百岁。随后，伯益于西山深居简出，众人不至彼前，而朝向禹之太子启居处，并拥戴为王。启即位后，其后裔继承王位延续至今。复次，舜摄政二十八年，禹执政十七年，长期给人以利乐。丹朱、商均二人不配称帝，伯益虽摄政七年，但成效甚微。禹之太子启因具备圣人之功德，故能继承其王权。如是讲述之，此即时代之变化矣。随之，第五代王朝帝相时，有邦主名寒浞者重新夺回其王政，立帝相之子少康为王，继续执掌朝政，此即最初恢复王位矣。随后经过十二个朝代，即最后一王名桀者，此王性情残暴，酗酒成瘾。自从此王顶替诸先王一心为众生谋利益之神圣王权以来，为使自己免受劳累，令他人替彼行事，先王善规倒行逆施，诛杀无辜者颇多，尤其是此王对好言相劝者恨之入骨，许多贤臣惨遭杀害。于彼怂恿下大多邦主亦变得残酷不堪。一切于此受难者均逃至成汤处，成汤乃具足一切圣者功德之贤善邦主。成汤为使众人从猛兽一般之暴君口中获救，遂率四军（象、马、车、步四军——译者注）摧毁所有恶邦，活捉桀后投之于牢狱。自己执掌朝政，令所有百姓安居乐业，封桀一最贤之子为杞国邦主，舜、尧之二太子仍封为客见天子，而未纳入己之辖内，以示优待。桀之小弟逃至北方，有其胡人后裔。成汤亦为黄帝后裔，此即第二王矣，国号为商，后商朝第十七代王盘庚改国号为殷。自盘庚经十二个朝代后，最后一王名纣，因纣之治国方略及所为皆同于桀，致使王权丧失。由于夏之末代王桀，与殷之末代王纣，二者凶残暴虐之历史全然相同，因此后期所有暴君都称之为第二桀纣，或小桀纣，与尧舜时期发生之一切亦截然相反。彼时，有一西方邦主，其名曰西伯，逝世后赠谥号为文王。此王具圣人之功德，无论遐迩贵贱，彼之言谈却令人信服。彼受天下三分之二人之恭敬与侍奉，并向彼请教疑难。虽民众对彼之忠诚始终不渝，但因末代纣王嫉恨彼之贤能，遂将彼囚禁于牢，长达十七载。而西伯对纣却毫无怨恨，反认为主之过失不算过，对纣心怀敬重，并于牢中探究八卦，使之层层重叠，变成六十四卦，遂造六十四卦论典。此经典使后代受益匪浅。箴言道："逆缘之人能将痛苦化为顺境。"此话千真万确。正于此时，彼之所有臣民商议后，将少年美女及骏马等很多贵重物品奉献给纣王，以为释放西伯之赎物。纣见财生喜，遂放还西伯。但西伯仍然毫无怨怼之心，一切以礼相待。其他小邦亦更加钦佩。此西伯乃跟随尧舜者。虞、芮是两个不同邦之两种地域，二地界上有一块荒地，两邦农夫都想耕种此地，双方为争夺此地而引起纠纷。为解决其纠纷，彼等至西伯处请西伯评理。彼等见西伯之百姓既往不咎，和睦相处，敬老爱幼，贵贱次第分明，彼此间相互谦让，体贴入微，亲密无间地生活时，深感愧疚。彼等云："吾等两方实为鬼迷心窍，全错矣。"遂返故居。自此以后，双方言归于好，争地纠纷就此罢休矣。据说后人仍未耕种此地，其目的是用此故事教人忍让友好。西伯去世后，其子武王消灭纣王，遂占据其王位，置天下于平安。此乃第三王文武王也，即父子联名之称呼矣，国号为周。是高辛氏第十六代曾孙，即黄帝后裔矣。随之第三、四代期间，贤明君臣威风显赫，牢无囚犯，无须动刑，如此经历四十余年。第五代周昭王时期，我佛诞生并完成宏化三分之一。第六代周穆王时期圆满宏化之情形陈述于下。穆王乃非等闲之辈，彼乘八骏马所引之车至未败湖，晋谒一切空行母之主王母娘娘。王母娘娘为彼陈设妙欲盛馔，彼每日赴筵，尽情嬉戏。因此王贪恋之心久久未除，于此耽搁数月之久。期间于其国一恶臣举行动乱，而使众人遭受苦难。随之，王母娘娘授记于王道："汝之国度恶臣搞动乱，百姓受苦，汝当速返除恶扬善。"王返宫后，立即铲除恶臣，置百姓于安居乐业。执政二十五年后驾崩，享年一百一十岁。其王之神奇故事颇多，此处不再多述。周朝有三十六代王，执政八百七十三年。如上所述，当时正值武王之弟周公旦、召公奭、毕公、大臣太公望等具足功德之贤哲荟萃之时。人人为众生承担重任，个个为强国献计献策，使君臣同心同德，开诚布公，为利乐有情毫无隐瞒之心。总之，尧舜时期之优良风尚发扬光大，使天下众生为慈悲和清净现分所加持，以及获得最善贤之心。此等大恩大德，乃周朝长期兴盛不衰之原由也。其间除两名暴君外其余皆温和慈善。周朝有大小邦共计一千八百个，其中亦有少数不服管教者，虽间或出现因违背誓言而反叛动乱，造成国力暂时衰退之现象，但如齐桓公和晋文公等贤明邦主以智慧与武力摧毁反叛者，屡次为国君效力，亦是周朝政权牢不可破，一切善风广为流传之主要因素。复次，齐桓公、晋文公、宋襄公、秦穆公和楚庄王等五邦主世称五霸。其字解亦如上所述，霸字著称于世，其风俗亦流传不息。楚庄王以前均由王道者即位及执掌朝政。

此亦如《言实授记经》中所载："有四种王，即转轮王、君主、邦主和小邦邦主。转轮王不需经典，而其一切主张生于己之福泽神力。君主等人必须遵照诸大仙所造《维护政权之论典》。"上述诸王以各自之特有思维及功业，以及用官师兼备（既做官，又任师——译者注）之特点继承先辈之遗志。以下述及秦、汉等国（汉文国字，非藏语帐篷之音译古尔。国字汉语义为庶民人口较少者，庶民人口极多者称之为邦。此即一种说法。另有一种说法与之完全相反，普遍认为后一种说法可取，即百姓人口众多、政治势力强大者称之为国，蒙语讹音古尔，如魏国之讹音为约古尔或王古尔）。余曾见一般使用其强大的威力能够向四方外藩传旨者，被称为转轮王。汉区如南北两方中任何一方虽未曾占领整个汉区，但其各自属下大小邦国却很多。如诸君主、五霸、七霸等，乃统治诸大小邦之主矣，汉区习俗是称最大邦主为"千乘"。其义释解为庶民八户中征兵一人，如此所征二十五人规定可乘四马拖引之大车一辆，千乘即满一千车军人之主矣。未得霸衔及其权力而所属军队不足一千车者和满一百车者等，乃大小邦主矣。因此，如是云：文殊皇帝，功业彪；优美舞姿，精彩超卓。三皇五帝，以及三王，后期君臣，所向楷模。伏羲世系，一十六代；神农世系，五百年加，一十年整；黄帝世系，一百年整；五帝共计，四百年加，二十六年；夏王世系，一十七代，四百年加，四十一年；商王世系，二十八代，六百年加，四十四年；周朝诸王，三十八代，八百年加，七十四年。

如是，周朝所有小邦逐渐被诸大邦吞并后，最终仅剩七霸，即燕王、楚王、秦王、齐王、赵王、魏王、韩王。周朝终归秦王统治。此七霸又称七雄。于二十七年内，逐渐为秦所吞，秦王（即始皇）成为天下之主。自古以来，蒙汉地界彼此相连。一授记云：秦之江山被霍尔（指匈奴——译者注）所灭。

秦王见后疑为霍尔蒙古，遂将蒙古人逐至北方边远地区，并筑长城于边界。但仍保留其授封有功之人为小邦主之旧俗。创立诸臣薪俸供给制，令臣恪尽职守，效忠天子。焚烧诸大儒们遵照尧舜和文武王之宗旨所造诸有关治国安邦之经典。诛杀其继承者五百人。秦王长子名扶苏者向王禀报王之行动不妥时，王大怒，逐彼于边鄙。如上所简述，诸先贤君主之大多宗旨，至此已被改革，必是改革时机已成熟。其王乃夏朝禹王之摄政王伯益后裔，嬴之种姓，亦为黄帝后裔，执政十二年后晏驾。本应依秦王遗嘱立长子为王，如此行事最为妥善。但其内臣宦官赵高及丞相李斯二人却篡改其遗嘱，将其幼子名胡亥者立为王，此即应验以上授记之征兆也。

复次，其父王之行为虽形似蛮横粗暴，但实则善恶相间。而因此王无恶不作，故众百姓忍无可忍，遂常时发生动乱。于彼即位第三年，宦官赵高反上作乱，将王弑死。于是天下大乱，一团糟。

彼时妄想作君主及自命为霸者虽很多，但唯有汉高帝因其福泽所致能驾驭乾坤，于五年内置一切于彼之辖下。其国号为汉，姓刘，是帝尧之后裔，亦为黄帝后裔，犹如大芸香树。此大王身具吉祥和威武之相，虽不识一字但观察人之自性比占卜者还灵，有些未来事，如亲眼所见一般能授记于人。此王爱护学识渊博之人，极善于依人之特性分类调伏，是具天才之神奇大王。彼重新扶植往昔秦始皇否认之大小邦主，自亲眷及众臣中，择贤明而有功者，授予王、侯等封号，使中断之大小邦主得以恢复。规定大小邦主除有权收取各自份内之差税外，无权处死人命。

第三王汉文帝因心地善良，取舍清净，故南方诸边陲百姓皆臣服于彼，风调雨顺，五谷丰登，国泰民安，受刑者极少，于两代王统治时期，牢中几乎无囚徒。

第五代汉武帝时期，其王所行一切如其祖父汉高帝，即位五十四年中，瑞兆连绵，禳灾明论等儒家经籍亦颇流行。诸先王未曾有过己之年号，此王即位之年被称为建元年；与此同时，放弃冬至为年初及建国之月为年初之惯例，采取孟春为一年之初；规定色彩以黄为主等，一直流传至今。用怀柔与暴力相兼之策略收服边民。因诸匈奴人武艺高强，恐有害于人，遂与之交战数回，虽说战争不分胜负，但后来战胜匈奴。胡人进贡物中，发现一尊大金佛像。将佛像迎请至内宫倍加侍奉，常时供养。此即最初佛像。彼时，虽与天竺互通来往，但因时机未熟，故妙法之幢还未树立。

　　一次，王于五台山之中央台上，祭祀先王时，普遍听见自天连响三遍万岁声，故从此王起直至今日，万岁已成为诸帝王之称呼（万又意为蝙蝠，如今每逢新年，须向皇帝进贡一只蝙蝠，以示祝福）。又有一次，此王带上众眷属乘一大舟至东海嬉戏时，一恶龙欲害死此王，王以一箭射死彼。复又一次，此王自黄河旧居移至敦秋（音译——译者注），兴建以十六大城堡为主，大小镇亦颇多，此时黄河水上涨，此王专遣数臣及奴仆十余万人，于黄河畔筑堤抗洪，彼等虽用铁索网定住石碑以为河堤。但刚一筑成，立即被洪水冲破，毫无作用。人畜被淹没者甚多，损失极大。黄水泛滥一直延续二十年。二十年后此王路过此地，王用白马和蓝羊脂玉作供养，设坛祭祀，口诵咒语，令大小臣及四军每人缴纳一担柴草撒于要道，上面修建一座寝宫。黄河立即下降并流回原处，使无数人完全脱离了水患。

　　此王晚年时期，胡人经内战后指望汉朝之援助。复次，汉王之诏书及册封，可传至由南到东北之安南、天竺数国、南诏、吐蕃、于阗、大湾、月氏、安西、西戎、夜郎、疏勒、乌孙等长达四万里之各地诸最高首领。如是，位居东方和东南方之乌桓、鲜卑、高丽等地诸最高首领，亦成为持大汉帝之诰封及印章者。

　　汉朝有汉王二十六代，其中第十三代汉光武帝，其功德及福泽如其先王一般。天竺所属十六国国王，都将各自之王子派遣汉区，向汉朝皇帝进贡各国土特产，随之接受册封。汉光武帝于其晚年，于五台山之东台上祭坛时，出现彩霞楼阁、彩云亭台、院落和城堡，显得格外清楚；皇宫附近又现甘露大泉，凡沉疴和药物调治之疾病，只要一饮此甘露泉水，顿时病愈。

第一章　总论汉区风土人情及其简史

此王之子汉明帝时佛教最初传入汉地，此情将陈述于后。

一般大多汉朝皇帝心性善良，具有各种功德。由于汉朝出现许多智勇双全之贤明良臣，彼等依当时实情创立之诸体制，能经得起任何考验，因此，后期历代帝王除极个别者外，一切仍依旧规行事而未做改革。汉区人至今仍称汉人、汉文，此乃自己仍是汉朝庶民之习气矣。汉朝历代皇帝中，成帝和哀帝二帝，因过于贪色致使国政受损；灵帝和献帝二帝，由于过于软弱，故被乱臣篡权；有些帝王因夭折，给少数恶臣以可乘之机。如一外戚臣名王莽者，篡夺王权执政达十五年。曹操及其后裔自称为帝，执政数年，但民众对彼不满。汉朝后裔虽能连续，但未起作用。于四百六十七年，汉帝后主政权被晋武帝夺去。大汉朝时期就此结束。

晋武帝原是曹操一臣之后裔。彼善于集中分散者，其行动快如恒河水流，但其第二代惠帝却既愚蠢又凶狠，进而导致内乱和外患，使彼束手无策，最终服毒自尽。其第三、四两代被胡人弑死。第五代晋元帝逃至江南，于南京（南方汉区）扎下了根，其政权已失去三分之二，天下大多由五种胡人所控制。所出现之十七王都称王称霸，唯我独尊。复次，晋代第十四代王晋安帝时，除江南外整个汉区被魏王统治。魏国于中原立足后统治大多边陲百姓，势力非常强大。许多贤明王臣视此国之情形如当年之汉朝。其种姓乃上述之黄帝也，其姓根基如芸香树一般根深蒂固，（北方）国号为魏。

魏朝经十三代王一百五十年后，最终分裂为两魏，不久被各自之臣篡夺政权后又出现齐、周两个政权。晋第十五代帝之王权被其手下将军刘裕篡夺，建国号为宋。宋第八代王权被萧道成篡夺后，建新政权，取国号为齐（此为南齐）。南齐第七代王权为萧衍将军所夺取，因取国号为梁，故称彼为梁武帝。彼一般精通明论，尤其敬信佛法，四十八岁逝世。其第四代王权被其丞相陈霸先篡夺，建新政，取国号为陈。北魏等南北两朝并存局面，最终由一魏臣之后裔——周臣名杨坚者打破，彼一统天下，建立新王权，取国号为隋。晋、魏等王朝就此结束。

此王称之为隋文帝，其第二代名隋炀帝。此父子二王朝政期间，虽势力极为强大，于各方面堪与汉时媲美，但因执政方法截然相反，尤其隋炀帝，王德极端恶劣，遂王权日益破裂，炀帝本人终被手下臣民所弑。世间陆续出现十九王，一直争战不休。含炀帝子恭帝执政一年在内，隋朝三代王执政二十九载，最终由唐李渊帝所取代之。此即如是云：大汉王乃，转轮王矣，二十六代，四百年加，六十七年。晋魏隋代，三百年加，五十三年。

李渊族姓记载不明，有些人说是道教宗师老君之后裔，但云此说可疑。国号唐［汉籍名《如图含签》中云，佛涅槃一千五百六十六（似六十九年）年后，唐王即出］，李渊能登基全凭其次子秦王或真名李世民者智勇双全。李渊朝政第九年将帝位让与次子。此乃诸藏籍所载"狮子赞普"，即唐太宗也，亦即吐蕃赞普松赞之妃文成公主之父也。帝善于政教兼顾，福气很大，是一奉天承运皇帝。唐朝共有二十代王，除一两代外一般都敬信佛法。其中睿宗和第六代唐明皇二王时期，广泛流传共同与不共明处。虽其财富、势力及边陲百姓之归顺等都趋向于大汉，但因凶残女皇武则天及其宫内诸宦官横行霸道，于外守边官吏中不服从命令者亦很多，其欢乐与痛苦交加之情形如演戏剧一样，国力亦有所衰退。二百八十九年后，王权被一臣名朱温者所篡夺，取国号为后梁。

后梁过两代后，大唐一邦主，胡人种姓，名李存勖者杀梁王，夺王权后建新政，国号重取唐，史称后唐。后唐政权维持四代，第四代后唐王权被其驸马、一小邦主名石敬瑭者夺去，建新政权后取国号为后晋，后晋过两代后为契丹所灭。后晋一邦主名刘知远者做汉区之王，取国号为后汉。其第二代王时，政权被郭威夺去，建后周。其第三代王时，依民众之意愿由大将军赵匡胤即位，建立大宋王朝。

上述梁、唐等五种王被称为五代，即五朝或五代政权，共经五十三年。复次，大唐晚期，胡人契丹于北方建立契丹王国，占领汉区北方边陲城堡十六座。汉区腹心地区，亦出现如虎狮般倨傲自大之十二霸王。除契丹外，依次均置于宋朝统治之下。宋朝时期虽先后出现许多贤明君臣，彼等利乐众生及一切明处风流盛行等传记如汉唐一样，但无缘统治边疆庶民。宋朝第四代王时，其北方一邦主名李元昊者，背叛朝廷，自称为王。其人本为魏王后裔，亦是黄帝种姓。其祖父拓跋慧光[6]效忠于大唐，唐封彼为西陲守护者。唐朝将彼归入己姓中，赐彼与李姓。遂后期称彼为李王，所居之处亦称为李域，实则南诏[7]也。国号为西夏，诸藏籍中称为绛三睐，先后进贡契丹和女真[8]（即菊仙，义为庶民，汉语称满洲女真，诸蒙古人称赳钦，均为讹音。亦称满洲——译者注），以便取得良好关系。西夏人深信佛法，西夏经十二代，二百四十二年后，最终为成吉思汗王所灭。宋朝和契丹不分胜负，各自为政，彼此虽装作结成兄弟友谊，但到宋朝第八代徽宗帝时，却联合东方女真，共同消灭契丹。契丹王是第二皇炎帝之后裔，王族根基犹如娑罗树，国号为辽，佛法很流行，经九代二百二十年，终为汉满所灭。契丹余部后分北方及右翼两部落，北方部落情况不明，其右翼继续维持旧政八十八年，直至第五代王为蒙人乃蛮（音译——译者注）所灭，乃蛮后来又被成吉思汗所灭。

契丹崩溃不久，女真灭宋，夺取中原地区。宋朝一皇帝出逃至江南，于江南继续朝政，扮演昔日东晋之角色。但是与女真时而为主仆，时而为父子，每年须向女真纳税，处境比东晋更糟。女真国号为大金，又称金王，其权势与契丹相等，亦信教。一百二十年后大金第十代王时，为成吉思汗第二代太宗帝所灭。成吉思汗孙薛禅王（即元世祖忽必烈——译者注）最后取代宋朝政权。大宋前期九代王，一百六十七年；后期一百五十三年，九代王。大唐、宋等时期就此结束，如是云：唐朝时期，二百八十，又加九年，二十代王；五代时期，五十三年；宋朝时期，十八代王，共计三百二十年整。

自成吉思汗至薛禅王期间，经历五代王，彼等几乎统治天下所有众生，北至清晨（原注：音译，待考——译者注。意为六月夜间饮茶之工夫）及

22

其他三方如日本、扶桑[9]、暹罗、西洋等诸多海岛均被征服，其势力较汉、唐时期大二倍，国号是大元。其种姓据诸大师说是光明天神，或喻为大梵天，总之成吉思汗祖母名阿阑豁阿美女，处于寡妇时，有一次一道彩霞般之明光由天射入其体内，使彼亲受安乐，遂有身孕，入胎期满后生一具足相好之男孩，给童子取名为孛儿只斤（孛瑞察尔）。复次，孛儿只是蒙语，义即物，许多人解释为无物生新物。其人之天才及大丈夫技能无与伦比，成为一名曰巴谆阿剌之大部落主。犹如二菩萨乃千佛之弟，为众生由诸妃怀中化生至人间。其他亦有类似情形，如当第一皇之母，少女时见一巨人足印，即生惊奇，遂将脚踏于印上，顿时生一光团，将彼体团团包住，彼受安乐，即诞生太皞。第二皇之母名安定，彼见一龙王太子英俊年少，遂生贪欲之心，随之诞生炎帝。第三皇之母富宝，见一闪电般的闪光环绕北斗七星时，心一激动，遂诞生黄帝，正如大亲教师羯摩金刚于其传记中所云："雪山是水之源头，天神是人之起源。"孛儿只斤（孛瑞察尔）含本人在内第十代主是成吉思汗王，当彼最初登基时，一只美鸟，不知是何种鸟，降落于近处，长时发出"成吉、成吉"之声，其声如响铃一样美妙动听。诸臣认为此乃瑞祥之兆，遂称王为成吉思汗。多数藏文宗派源流亦称成吉思汗，其实真名乃铁木真，晏驾后所赠庙号是太祖圣武皇帝。火虎（丙寅）年至火猪（丁亥）年，执政二十二年后，于六十六岁晏驾。

其大太子（即王子之汉语音，今人可信口开河）。拙赤受封为托模地区之王；二太子察阿歹受封王爵，被封为吐火罗（即托噶尔，义为头缠白布者）王，于叶千城妥善布置行营。此王有五子，长子名阿索多罗，任其父之摄政王；次子伊麻麻胡里，任罽宾王，住萨麻尔钱大城堡；三子阿地惹玛哈麻达，作印度王，住萨罗师城堡，据称此王是一活佛；四子光卡尔，作然木地区王，住三毗罗（是否香巴拉，待考——译者注）城；幼子铁木尔作乌荣科王，住布哈惹城。复次，成吉思汗虽已征服大多数地区，但彼见汉区法律严明，于是彼令女真金王之诸弟子考验一契丹族大臣，名（耶律）

楚材（音译——译者注）。此人通达内明、言学、教派和多种语言，经考展现出才华，人称女真恰梅尔森（蒙语为达尔梅尔成，意为智者——译者注）。成吉思汗令彼撰写汉区所需天文历算等论典。三太子窝阔台因深沉宽宏，善于观察，性情稳重而不轻浮，成吉思汗认为汗王位置只有窝阔台适合坐，于是令彼作己之摄政汗王。成吉思汗驾崩后窝阔台闭关为亡父荐福一年，于土牛（己丑）年登基。此王被称为（元）太宗英文皇帝，封恰梅尔森为丞相，对政教公事一心倾注，利乐功业彪炳。最初迎请萨班·贡噶坚参，与具德萨迦建立福田与施主关系。执政十三年后驾崩，其长子定宗简平皇帝贵由即位。随之，成吉思汗四太子拖雷之长子宪宗桓肃皇帝蒙哥即位，随后与蒙哥异父同母弟（元）世祖圣德神功文武皇帝即位。自成吉思汗王奉天承运之元年，即火虎（丙寅）年直至此王统一整个汉区之至元十六年，即土兔（己卯）年为止，已经过去七十四年。含土兔年在内再过去十六年，即木马（甲午）年驾崩。

此王真名为忽必烈，蒙藏众人称之为薛禅王。此王具有赤胆忠心，善于教政兼顾，不偏不倚，清净现分等多种功德，汉区以小尧舜著称于世，四十六岁即位后经中统四年和至元三十一年，总共执政三十五年，享年八十岁。随之薛禅王之胄，即已故皇太子真金之长子名铁穆耳者（元）成宗广孝皇帝完泽笃寻见此永恒"卐"字玉玺后，执政十三年。复次，汉区众人称诸大宋帝和大明帝为"白文天子"，即阴纹或阴文天子。彼等以此来贬低帝王亦不无道理。其主要原因是宋明两朝皇帝无此永恒"卐"字玉玺。

要略论此玉玺之来历，当初七霸称雄之时，楚王属下一庶民名卞和者于金山上见凤凰降落。藏文和畏兀尔文古籍有记载为鹏，此即汉文之讹音，而并非龙食鹏，乃鸟中之王矣。当时此人心想非珍宝之地不降鸟中之王，或许有珍宝可寻。于是至凤凰降落处寻觅，据说仅见一大石。此人背负此大石，将石奉献于王。王不信此石是珍宝。后将石头砸开，其内出现一块世间罕见之无瑕白羊脂玉，其大小如碗。其玉时而发光，如置于洁净处虔心供奉与祷告，便出现各种瑞兆及花纹。秦王闻知后欲拿十五城换此玉，但赵王未与。此后世称城池羊脂玉。后来秦始皇统一天下，遂得此玉，彼将此玉改造成玉玺，令丞相李斯于玉玺上以篆体书写"寿命如天，社稷永存"八字。藏语意即奉天承运，寿命永长。其义是因福泽所致，无论偶遇何种事情，令汝为大主，此乃天所注定，寿数和世系永长不断。西藏众人所说所谓天命和天之威力，均源于此玉玺。永恒"卐"字虽说是本教语，但菩提亦称"卐"字。本教所称雍仲于此处很少使用，但本教雍仲之雍字，必定是永字之讹音。随之秦朝第三代王子婴将玉玺奉献给汉高祖。汉朝于四百年里，因战乱中君臣变易频繁，而使此玉玺失散。一次于金顶殿失火，一妃之侍从携此珍宝玉玺投井自尽。孙坚将军等前来救火，夜间望见由井内照射出强大的光蕴，遂从井中取出此玉玺。随之，经历代王朝最终传至后唐，后唐王李姓者在其失权时，因惜此玉玺，故将玉玺挂于己颈投火自尽。随后后晋、后汉、后周和整个宋朝计三百四十七年中，此玉玺在世间仅存名而已。

复次，大蒙古天兵至中原时，有一人携此珍宝找蒙军，将宝献给大将军、太师、鲁国王穆华利（音译——译者注）。穆华利亦不识此玉玺，将此置于一般宝物中。数年后其孙，此人与真金太子之女已有亲属关系，将"璧"献与朝廷，被一善辨宝物者认定为玉玺。当时薛禅王刚驾崩，因临终未曾清楚地留下王位继承之遗嘱，对完泽笃是否适合做皇帝，少数大臣即陷入疑网。当时正是此珍宝玉玺用其神力消除了一切疑团。此宝虽不属于有情，但毕竟是一大珍宝。关于此宝如鬼神所变幻一般显现各种幻象之情，恐文冗长而不予描写。此即宋朝时期出现之阴文历史。

后来元顺帝至蒙古时玉玺随同迎请至蒙古。大明为争夺此玉玺曾多次动用过兵力，但除大量耗损兵马外毫无结果，和宋一样仍旧落个白文天子之名声。

我朝大清皇帝降旨晓于天下后，不费吹灰之力而落入世祖帝之手中。

第一章　总论汉区风土人情及其简史

此情形见于下文。随之，此王之兄之子名海山者（元）武宗宣孝皇帝即位四年。此王之弟名爱育黎拔力八达者（元）仁宗钦孝皇帝普颜笃即位九年。其子名硕德八剌者（元）英宗文孝皇帝格坚即位三年，据说此王除保留先皇之衣冠外其他一律改为汉式。随之，真金之孙名也孙铁木尔者泰定帝即位五年。其长子摄政王阿速吉巴（早先记载为琪帕，此处依汉籍所载记述）即位三个月后，王位被武宗帝之次子图贴睦尔夺去交给己兄名和世琼者明宗帝，但此帝即位八个月忽然驾崩，随之图帖睦尔本人即位，此即文宗札牙笃皇帝。此王即位三年，临终时留下遗嘱令明宗次子懿璘质班即位。遵照遗嘱举行登基典礼不足一月，其王权被兄名妥懽贴睦尔者惠宗顺皇帝哈笃夺去，即位三十六年后奔赴蒙古。复次，上述大多帝王虽性格纯正，各自尽心竭力，维护国政，但都寿数未尽而夭折，加之对子继父业之善规很不重视等多种原由所致，使王法逐渐被践踏。尤其（元朝）末帝顺帝貌似通达一切事理，其实早已违背了《金光明经》中所说之治国方略，并继续长期执政等等。诸等原由造成了天下大乱，出现十三大盗，小盗更多之局面。随之大明太祖一统天下。蒙古王族在其故乡统治王权长达二百六十六年之久，其第二十代王林丹汗，伙同西藏藏巴汗王妄图消灭格鲁教派。遂率军进藏，但在途中土崩瓦解。

因其历代先王心地善良，敬信三宝，永恒不变之善果异熟所致，自成吉思汗至顺帝，先后出现十五代转轮王；直至林丹汗又出现二十代大王，先后共计三十五代汗王，延续执政四百二十九年而不息，大汉朝以来未曾出现过如此情形。复次，承蒙我大清国康熙皇帝之浩荡龙恩，允许保留其蒙古三王之名号，并对成吉思汗之一切世系、后裔授封太子名号，分四等级，时间固定不变，视以客见天子。蒙古王族在受封官爵、表彰和薪俸诸方面处处受优待，真可谓恩重如山。蒙古邦主和小邦主一百余人，于各自之管辖区内政教兴旺，尽情享福。大元时期就此结束。

大明王族之种性实难查清。其最初王太祖是皇觉寺和尚，当盗贼行窃劫掠时，一强盗首领准备带众贼前来该寺抢劫，众和尚助伴均逃之夭夭。彼想若逃去，寺庙将被烧毁，佛像等将受损失。若不逃，则非投降不可。如若投降，便与强盗同流合污。彼犹豫不决，不知如何是好，遂于佛像前求签问卜，签上云：降贼生吉。彼不相信，再求一次，据说此次签子由签筒自动跳出来立于地面。彼惊讶不已，于是等候匪首，向贼投降。匪首与彼结义，见彼品行等各方面与匪众不同，便受器重，授大权于彼，使权位日益提高，匪首死后由彼取代，成为其队伍之主。随之其威望愈高，势力愈强，队伍愈来愈广泛。待统辖所有同族后，获取大元京城，其国号为明。其权势虽比蒙古统治时期小，而未能征服北方及西方，但与汉、唐时期不相上下。与噶玛巴建立福田与施主关系，一般护持释道儒三教者深受厚恩，执政二百七十五年，历经十六代王。除第一代和第三代王外，其他帝王因过于软弱无力，其大权往往被宦官及臣僚所操纵。明代第十代王（明）武宗终日沉溺于酒色，是造成国力日趋衰退、社会动荡不安之主要因素。第十一代明世宗一心倾注于道教，令卑贱小人控制王权，自己却修持道教长达四十五年。第十三代王（明）神宗，据说是因形象丑陋，总之，在即位四十八年中，除上朝二三日外，一直迷恋于女色，卧床不起，搞得上下乌烟瘴气一团糟。此祸由此时生起，渐次扩展，直至第十六代王由检时期，最终酿成（大明）江山落入匪首李自成手中之恶果。

随之，我等之大主康熙王之父文殊菩萨之真身，世祖皇帝奉天承运，成为造福于天下之转轮自在王。举天神四兵[10]入中原，灭众恶徒盗贼于战场，救众生于苦难之中。与格鲁教派结成福田与施主之关系，振兴以三教为主之各种有益明处，将一切有情置于第二圆满期[11]之富饶中。

复次，此闻名世界之珍宝玉玺，于世祖帝之父王太宗博克多（即清太宗皇太极——译者注）时期获得。此即当年蒙古林丹汗率军进藏时，于途中阵亡，仅剩囊台户及苏泰台户二妃、额二克孔果尔额哲及阿巴乃二王子，以及眷属，即察哈尔八部落三千士兵之军队所剩三分之二人，其多半财产如大风扫树叶一般失去，二妃皆沮丧。此时，彼等将祷祝一尊随身携带之纯金护法神像宝帐怙主[12]，此乃当年八思巴怙主亲自勘测及装藏陀罗尼咒经者也。将神像置于枕前，面向彼等，并在金像前广设供品，然后如此发愿道："现余二寡妇暂且放弃余等二孤儿能自理之愿望，靠一大户是唯一之生路，愿怙主何方之大户眼前和将来对余等有利，请将容颜转向此方兮。"随之就寝。翌日一看，见神像面向东南方。彼等久闻博克多之声誉，神像所向亦与博克多所居相同。于是彼等奔赴奉天，投靠博克多，并将珍宝玉玺献与上。上泽及彼等，为消除彼等之疑虑，迎娶彼蒙古二妃，小妃生图桑额亲王。与此同时，将孤入尼公主赐予额尔克孔果尔额哲。满蒙通婚自此开始。大明时期就此结束。此即如是云：中原地区，元朝皇帝，共十一代；执政八十，又加九年。大明执政，二百七十，又加五年；总共皇帝，十六代矣。

注释：

[1] 转轮王：或称"转轮圣王"，略称"轮王"，是古印度神话中的圣王，因手持轮宝而得名。佛典讲人寿自无量岁至八万岁中，分别有金、银、铜、铁四轮王出世，征服四大部洲一切众生。

[2] 童子大主宰：文殊菩萨的别号。

[3] 悉地：梵文音译，即成就。

[4] 孔安国：西汉经学家，孔子后裔。相传他曾得孔子住宅壁中所藏古文《尚书》，开古文尚书学派，但为后来学者所怀疑。此人于汉武帝时任谏议大夫。

[5] 四门：此处指国家。四门之主，义即一国之主。

[6] 拓跋慧光：即李继迁(963—1003)，其祖先原为拓跋氏，唐代赐姓李。西夏国建立者，为西夏国主元昊之祖。

[7] 南诏：古国名。是唐代以乌蛮为主体，包括白蛮等族建立的奴隶制政权。开元年间，其王皮逻阁在唐朝支持下，统一六诏，迁治太和城（今云南大理南太和村西）。全盛时辖有今云南全部、四川南部、贵州西部等地。

[8] 女真：古族名。一称女直，来源于唐代黑水靺鞨。北宋末，完颜阿骨打统一女真各部，建立金政权。明末由努尔哈赤统一，成为满族的主要组成部分。

[9] 扶桑：我国对日本的旧称。地在东海之外，相当于日本的方向，故相沿以为日本的代称。

[10] 天神四兵：即四兵种，骑兵、象兵、战车兵、步兵。

[11] 第二圆满期：圆满期或称圆满劫，佛教术语，即佛经上所说南瞻部洲人享受法、财、愿、乐等最为圆满的时代，期间为172万八千年，有拘留孙佛出世。此处称颂清顺治帝时期为太子盛世，犹如"第二圆满期"。

[12] 宝帐怙主：藏传佛教密宗一智尊所现护法神名。萨迦教派尤崇此怙主神。

第二章 概论何时诞生何诸佛教大师

其二，关于在此汉地学科兴起之经过，如《讲说菩萨所行处变化经》，或异名《言实授记经》中所说诸王需否论典，皆同于以上所述。五帝以前，唯独耳传端正自他三门（三门即身、语、意三者——译者注）之诀窍要义外未有（论典）。三王时期，尤其是周朝建立以来，广泛流行各种论典，并且在同一时期或先后出现了诸子百家。他们所说的一切可归结为上、下二等类。其后者（即下等——译者注）指语言学、量学、工艺学、医学、修辞学、声律学、戏剧、天文历法、堪舆术、筮，诸等名目繁多之学科经籍，还有投掷术、剑术、乐器、膂力、马术等各类技艺。其前者（即上等——译者注）指含有内学义，即道教鼻祖老君、儒家鼻祖孔子（藏人只借其名，称之为光子）都后继有人，传承不断，颇有名气，讲述大慈大悲，无有戏论和我执即为苦根，并讲说寂灭之终结，外如禳灾，而内似攀登圣道（即三乘，见、修和无学之道——译者注）次第，讲俱生自然智，寂止和圣观等等。此等讲说不违佛教经典，彼二者和我佛之妙法，于此地普遍被称为"三教"。曾见一些释解三教同一旨趣的论典。另外，墨子所主张的不惜牺牲己命，只求他利，心性本为清净，但偶尔被污垢所染，并为羯磨所改变等论断，前辈们说合乎佛家（的观点）。列子所说一切诸法源于缘起，尤其是在此方开始宣扬我佛之声誉者乃彼也。在其箴言里道："在西方，出现一位具任运成就之事业和殊胜旨趣者，超言语净界之圣人，此名为佛陀矣。"当时汉区与（天竺）未有往返之旅途，无疑是其神通所明了之。名为庄子的羯磨大师，梦见蝴蝶，醒后经过思维观察，终于心生无所不有，而无所成之义理等。总之，大体上重点讲说舍弃八事（即利、衰、誉、毁、称、讥、苦、乐——译者注）等调心次第。《三摩地王经》道："无论耳闻何种善说法，皆为诸佛讲演无置疑。"正如《大方广菩萨藏文殊师利根本仪轨经》中所说："佛说教派无论谁，一切归于解脱因；唯独密宗道成因，归我自身之作为。"因之（以上言语）理应归结为诸佛菩萨所加持之佛语。诸最上乘外道师亦有说客，上述学问须由诸聪慧睿智者学习。所谓"诸佛子不学，实则空空也"。《三摩地正经》曰："世间所有工艺学，皆由菩萨教授矣。"尤其在《大方广菩萨藏文殊师利根本仪轨经》中道："无论任何虚伪识，凡夫俗子爱世间，明了其理乃大勇；天文历算及其理，既要通达又要善观察；通达语音善与非善理；通达一切魑魅语。行为及其心所行，诸知识亦附带讲；如是库神能赚财，算学语法及论典，衣之学科之仪轨，医治疾病之学科，一切为求安乐矣。讲说因明论典及，另讲语言学论典。声律[1] 吠陀[2] 俳优[3] 歌，制作薰香亦说之。余以菩提心说之，利益有情众生也。余依化机之异同，按类如实调伏矣。如此凡对诸众生，有益之业皆获取。利益羯磨之善根，如此如此这般修，凡是诸有情胎生，作如是等种种事，皆由羯磨所控制，故须讲说众胎生，因具不同之羯磨，须讲不同之论典。身具种种不同形，亦为羯磨所致也。于众胎生居住处，余亦身着如是装；怀抱利益众生心，余将变化各种身；自在、帝释、大梵天、遍入、施财和离实，以及各种曜身等，往昔彼等皆余变。大慈大悲所化心，渐次留于寂灭[4] 处，是为彼等众有情。"又曰："郑重讲说世间之，一切密咒诸仪轨，并且供养侍奉之，舍弃对彼欺侮心。通达原由及学问，通达语文通天文；彼等不可非利益，是为吉祥而讲说。"再曰："世间任何一切处，通达天文历算者，通达他相续者及，诸行论与因明等，凡与学处相关者，对诸有情有益者，彼等一切余曾讲，重诵密咒善掌握，此为成就此道因，佛见空性故说之。"似此则于佛教经典宝库中，透彻讲说基为轮回之性，因缘即因果之细微，道是三乘论，方便即指详明教诫，甚深诀窍，果为三身及五智慧等。唯有佛典堪称阐明精神实质之明灯，若作譬喻，儒教似星辰，道教如月亮，佛教像太阳。此为诸确凿可信之智者所言，故称佛法名曰佛日。

墨子之流只留文书于世，而无预流果[5]，虽有无义、邪义等为内容的六种同一类型的论典，但不视为圭臬。在汉地本身只此而已。

唐代，作为援军进入汉区，未予返回而定居之吐火罗[6]，其人口逐渐发展，（彼等）绝大多数人信仰自己固有之宗教，虽于汉区与汉人杂居，但汉人从无人彼教之俗，甚或不与彼等通婚。

复次，成吉思汗西征返回时，曾于被称为西洋，即大海洲，其百姓崇奉一名曰天主（原注：上帝）教之学科，从此，此教流传至中原地区，至今兴盛未衰。其教创始人是一位由名叫玛利亚（海星）的女子胎中出生的取名耶稣（原注：救世主）者，他讲说不伤害人命等十戒支，往生天堂，永享安乐是善果，堕入地狱，永受苦难是恶异熟之理。除见少许关于犯有明知故犯罪者，即使忏悔也未能净罪的论典外，别无所见。对此乃曰：至尊善方便者之恩德，善说了义不了义及支分；此地现时学海之顶端，佛道儒三教如同日月星。即系总论。

现将佛教的传播情况分别陈述于下，此即讲说世尊诞生之年代及其宏业时间之确定方面，如同西藏一样存在诸多主张。现记述以诸禅定亲教师之传记为要点，即周朝第五代亲政王周昭王二十六年（原注：有些书记载为二十四年，讹也——译者注），即甲寅年四月（原注：现时二月。周朝时代十一月为新年初月——译者注）八日诞生了我佛，于西南界示现一大光蕴，此为佛诞生之预兆。王见此光后，即问诸相士，相士授记曰：此即彼方诞生一圣人之兆，千年后彼之宗轮将传入本地。此大光蕴于此国一直保留至十九日。

（世尊于）此年二月八日出家，前往婆罗门法胤处，随之又往赴尼连禅河畔，含旧年在内，在此苦行六年，最终于三十岁时二月八日成等正觉（以于世间显示日月食作为缘起之外相，诸时轮派者主张四月十五日月盈为成等正觉日，但在《涅槃经·狮子吼品》中道："世尊诞生、出家、成等正觉和转法轮等都在上旬八日，为何唯独无漏涅槃定于十五日。"如是详作问答矣）。于四十九岁，在此世间依次第转三相法轮，七十九岁将佛教传授与圣大迦叶，即周穆王五十三年，壬申年二月十五日涅槃。

此后一千零一十三年，即大汉明帝永平八年佛教开始传入（汉区）。此亦（永平）三年，一吉日良辰之夜，王梦见一高宽各三庹有余，以金色为相，日光照耀的士大夫，从空道来到王宫之金顶前。次日王问众臣，有名为傅毅之大臣禀报道，吾曾闻往昔周朝时，在天竺诞生一位名叫佛陀之仙人，其身可为三庹之宽浴池所隐去，金色皮肤，金光闪闪，能行空中，陛下所见之梦与之有否关联。然后，此王查阅所有古书旧籍，寻见此周昭王时期之授记后心生喜悦。于是王遣使者王遵等十二人到天竺求法。

当时天竺亦觉时机已成熟，阿罗汉摄摩腾，其人是迦叶种性，班智达竺法兰二人和白马一匹驮世尊像卷轴画一幅及佛教经典数本，踏着往赴汉区的征途时，从汉区派来的使者逢于路途，一行人等便返回（汉区）。阿罗汉示现多种神变与王臣，使王及众臣心喜意满。本地道士对此极为不满，为试探佛道二教何为善法，以火焚书，致使诸道士以失败而告终。此详细历史情形，余曾记载于《五台山目录》。在此河南府城，以白马寺为主修建僧侣寺七座，尼姑庵三座。五台山上有一座曾由神鬼助伴阿育王修建的舍利塔，此塔为八万四千座舍利塔之一。彼等二人认出此塔，亦于此地建立一座舍利在塔心的大塔和显通寺。有六百二十人出家为僧，二百三十女子出家为尼，此为出家僧尼和佛寺之开端。由摄摩腾翻译一本名曰《大小乘经藏中摄急需经藏四十二次第分类》[7]的佛经，至今尚存。据说竺法兰曾译《十地经》等经藏五部，但现无遗存。

复次，安世高论师通达鸟语及野兽等一切语言学，尤其精于阿毗达摩俱舍论。还有支娄迦谶尊者、安玄居士等等，彼等天竺六智者之事迹集于一传记本中。班智达昙柯迦罗等三名大小乘律师，加另一名班智达计四名再加众尊军论师和支谦居士亦合为一传记本。其中（众尊军）论师以舍利之加持神力调伏孙吴王[8]，从此佛教在江南地区开始弘传。彼等是出现在汉朝时期的最高译师。随之，一名叫竺法护的小和尚，自幼以游方僧身份，走遍天竺边缘及腹心区，经勤学苦练已熟谙三十六国语言，返回（汉区）后翻译和译校《贤劫经》《正法华经》《般若波罗蜜多二万颂》等共计六百一十五函佛经。此论师极善于义译，是诸前辈译师中出类拔萃者。在一干枯无水的大川，经彼之真诚祝告，条条渠道涌满了水，此渠至今仍在。该论师因处处利他；故以"菩萨"之美名著称于世，有弟子数千名，七十八岁圆寂。

帛尸梨密多罗尊者是天竺来此地之最初咒师，翻译过《大孔雀佛母陀罗尼经》等少许咒经。

罽宾班智达众安、昙摩难提、僧伽提婆、僧伽罗叉、佛驮罗刹等诸论师均于同一时期来到汉区，彼等与汉地智者法和、竺佛念等一起翻译和注疏大乘经为数颇多，并使之广泛流传。尤其大智者赵正施主、昙摩难提和慧嵩和尚翻译《百羯摩》和各类《阿毗达摩经》一百零六函。罽宾大智者法慧和天竺智者达摩掬多翻译《法蕴》等经二十二卷；法慧弟子法灯者乃一睿智和尚，其上师（法慧）回国后虽在几地以弘法为业，但据说彼只传声闻乘（小乘）并阻止大乘。是否视时间地点思不宜弘扬，不知何故。

持明者鸠摩罗什通达五明，其神通广大，无可阻挡，彼之名望被胡氏前秦王苻坚有所听闻。时隔不久，苻坚一相士向彼禀报出现吉祥星辰之原由，并授记道有一边鄙巨人将成为有益助伴。（苻坚）欲想附带征服天竺几地，便遣吕光将军率大兵赴天竺，随之迎请班智达（即鸠摩罗什——译者注）和旃檀佛等情形，其大多余已述于旃檀佛历史上。因时局所故，凉州地区停滞佛教事业达十六年之久，随之，后秦王姚兴弘始三年，此王有一棵一余里长的宽叶大树，生长在起名为"逍遥园"的林苑里。相士授记将园中下播的所有荆棘种变成名曰"苣"的香草。（此王将鸠摩罗什）从凉州迎请到长安城，并授封为国师。王对彼倍加侍奉，告彼讲说和翻译妙法。（鸠摩罗什）与其弟子竺和尚（即竺道生——译者注）为首的八百名上乘弟子翻译、译校《金刚经》《般若八千颂》《十地经》《法华经》《维摩诘所说经》《首楞严三昧经》《世间持请问经》《如来藏》《菩萨藏》等佛语和《菩萨戒疏》《百十二门》等论典，共计三百余卷。译校亦颇多，以讲说与详解广弘大乘。对于鸠摩罗什在本地如何大力弘传佛法以利益众生，经认真思考，彼虽已口头宣说密宗不传授与一般人，但亦正式授戒予少数人。复次，虽说（彼）曾考虑密宗的传播对人所留下的后果等诸多情形，总之，受近圆戒后，即受菩萨戒之习俗至今广为流传。因彼有十明妃，众僧侣对此极为不满，为此有史记载彼取针一盘，使不信仰彼者皆变为敬信不疑者。但从此后，彼只作前任法台，法座已让位于竺和尚，四十二岁圆寂，其遗体火化后其舌完好无损。

有人说一次圆满修习沙弥、比丘和菩萨戒之习俗，源于根本亲教师优婆离阿罗汉。陀摩乌达罗、陀摩迦罗和僧伽跋摩等人，亦依此俗受戒修习。（吾）曾听人云此地僧人祖衣之片块层次衔接与鸟羽递压式（西藏祖衣）十分相近，至尊宗喀巴大师之法衣亦如此形。其祖衣无表相。据说由于此地唯独一派，无须有误作别派之嫌。还说表相如表"夫子"官相，如此嘲弄，亦只能平等而无相别之差异矣。自四根本[9]至灭净七法[10]之间与西藏无差别。关于诸多学处法，想必因地制宜地少许采纳其他部派之学处内容。因此小乘下劣且需所破，故对其律仪未作详细观察和问谈。大律师佛陀耶舍、毗目智仙和达摩流支亦与鸠摩罗什同期来华，随即翻译《四分律》等有关律仪的经书颇多，并引导沙门修法，广弘律仪。

属于释迦甘露饭王种性之大亲教师佛陀跋陀罗，是出现在鸠摩罗什之后的一位神通广大的智者。该译师担任主管校勘者，尤其极大地弘扬了寂止和胜观。因彼神通无阻，其弟子与施主越来越多。最是敬信上师弟子，最能败坏上师名声。这句寓言却成为真实，少数盲目信仰和一味追求财富的弟子，极力吹嘘吾师如何如何，遭到多数人的厌烦和讽刺。正如当年阿底峡尊者在桑耶寺居住时，一凶恶妃子恶言伤彼，彼曰："何处争斗纠纷存，离去此地百由旬。"随之便离开桑耶的历史。此举厌烦了上师（即佛驮跋陀罗——译者注），不听王之挽留，决意返回天竺。路上被一江南王所遣之臣迎请至彼地，于彼处翻译《涅槃经》《佛说大方广善巧方便经注释》等经一百零七函，七十一岁圆寂。

摩揭陀国班智达昙无谶，于其故乡亦被称之为成道者，此论师来到凉州，当地王沮渠蒙逊[11]奉彼为己师。慧嵩译师助彼翻译佛经，彼等翻译几部关于《大集经》的经书、《大云经》《大悲经》《护地经》《金光明经》《海龙王所问经》等一百余函。北魏王闻知昙无谶咒术威力无穷，便遣人迎请彼到北魏。蒙逊过于吝惜昙无谶，借口上师不愿往赴而未予放行。蒙逊心神不定，疑虑魏国再来抢夺上师。上师唯恐为此事而引起战乱，于是要求本人返回故乡。对此蒙逊虽心里很不满意，但在外表上假装虔心供养，为彼短程送行，奉献丰厚贡物。与此同时，暗中派杀手诛彼。一时举国僧俗为此功德与声誉招来杀身之祸之悲剧哀鸿遍野。昙无谶有一名云"道朗"之弟子，其人曾见薄加梵之面孔，彼继承其上师之法统，以大乘修心法，利益众多化机，据传有弟子一千余人。

（沮渠）蒙逊弟缘禾从班智达（昙无谶）受居士戒，随之赴天竺，从世称"人中狮"之轨范师佛陀斯那，获得少许陀罗尼咒成熟解脱，并（从天竺）迎请几部《大悲修习讽诵经》等经卷，即由本人自译。

名为"闻取"的一论师，与四人结伴往赴天竺，于摩揭陀学习梵文及明处少分。历经艰辛行至僧伽罗国。传闻彼虽见过迦叶尊者之亲传弟子，但未得依彼学法之机缘。其诸伴侣皆死，唯独论师一人，以商人为伴，返回（汉区）。自译大众部《毗奈耶经》等经，其译经数量颇多，利生事业亦显著，八十六岁逝世。

昙摩迦罗[12]和尚，曾赴天竺依止佛陀多罗，并从其受近圆戒。其人尤精于律仪，瞻仰圣地多处。但因于天竺拖延甚久，利生事业成就亦不明显，翻译《观世音授记经》等少量经书。

罽宾戒师摩诃佛陀师利至江南，慧胜尊者为其作译师，梁预章王[13]和武陵王[14]为其作施主，彼等于此处译分别说一切有部和经部关于《毗奈耶经》及《羯摩集》等经三十三卷。菩提增和尚赴孟伽罗学经及朝圣，返回时迎请《阿毗达摩对法七论摄义大毗婆沙论十万偈颂》，彼想如能寻得胜任翻译此经者，随即与之译之。正渴望之时，从天竺前来一名通达三藏，其中特精于对法藏的智者，此人名云佛陀跋摩。佛陀跋摩担任主管译师，由菩提增和慧集承担译师，由沮渠蒙逊之子茂虔王作施主，翻译此经共一百函。时隔不久，魏军武力进攻，致使此处天崩地裂，佛陀跋摩被迫回国，此经已佚四十函，现仅存六十函。

智严、宝云二和尚先后赴天竺学经。智严作居士时，曾犯过一条戒律，随后极力忏悔，但此罪是否已净犹豫未决，便问诸天竺智者。虽彼等以教理两方面详解此罪已清净之理，但彼仍犹豫不决，一上师让彼修习弥勒，彼梦见在兜率宫觐见弥勒菩萨时请问菩萨彼罪净否，菩萨答曰："清净矣"，遂解彼之疑团。二译师曾译《大游戏经》《大宝积经广博仙人会第四十九》《庄严经》《四天王经》《长寿经》诸经。宝云被称为大译师，智严享年七十一岁，于罽宾逝世。宝云享年七十四岁，于本国逝世。

罽宾国王哈利跋陀罗之子，出家以后通达经教九支[15]和四吠陀经[16]，其本名为求那跋摩的轨范师，被南朝宋文帝迎请到江南。文帝为彼建寺几座，求那跋摩所造一幅佛像画，黑夜里放射光辉，奇异非凡。彼于大众集会上宣讲《法华经》和《十地经》，译出《菩萨戒三十章》等经七十函。

从天竺迎请以僧伽罗比丘尼铁萨罗为首的十名比丘尼到汉区，在汉区圆满成就了四众弟子[17]。六十五岁逝世，为彼建舍利塔一座。僧伽跋摩和昙摩蜜多二尊者亦一同至汉区，成为其广弘佛法之亲密助伴。僧伽跋摩晚年回国，昙摩蜜多八十七岁逝世于汉区。

当时，天竺亲教师迦罗耶舍和众亲译师二人译出《医王》《药师仪轨》《无量寿修习法》诸经。智猛译师、亲教师僧伽提婆、僧伽罗阇、连陀摩地、求那陀罗等皆为佛法奉献力量。智猛译师续译《涅槃经》下半部，求那跋陀罗、宝云译师和慧观翻译《杂阿含经》《吉祥鬘狮子吼经》《楞伽经》《佛说阿育王往昔行为及现时因果》《大法鼓经》《长寿经》《指鬘授记》《佛说般若了义经》《八吉祥经》等经。施主（南朝）齐王口谕求那跋陀罗于众人集会上宣讲《法华经》，上师由于汉语发音不清晰，唯恐听众费解难懂，于是连续几夜祷祝观音。有一夜晚，梦见一肤色、服装皆白之童子，手执利剑和生人头，童子割去上师之首，将生头安于上师，以此替代上师之首。醒时汉语同汉人毫无差异，众人惊叹不已。以讲经和译经完成利益有情之事，七十五岁去世，示现天降花雨等吉兆。

摩揭陀国摩诃班智达，名叫求那毗地者往赴江南，多数王公达官显宦奉之为上师。翻译大乘论师僧伽斯那所造《百喻经》《十二缘起经》《给孤独》等经十二函。修建贞观寺，并建僧团，利生事业亦较突出。复次，又有一名大班智达，其名叫犍拔罗，彼与释迦宝等人译出《大阿输迦经》《别解脱道疏》等经三十三卷。

（大）汉时，八千颂以上的方广般若未曾传于汉地。有一名叫释恒的和尚极愿将广说般若延请至汉区，随即赴天竺将《般若波罗蜜多二万五千颂》请回（汉区）。于一盛行小乘教的地方，众僧会同地方官吏合伙阻止此经，并以火焚之，此时，和尚以万分悲痛之心祷祝菩萨，顿时火势自动熄灭。佛经却未能引燃，众人惊奇不已，便信仰大乘佛教。然后，顺利地将经书延请至陈留地区，此经由天竺人般加罗利法和乔罗差尊者译成汉文。

彼等与天竺论师僧伽增广弘大乘佛教于此地,当时《般若波罗蜜多十万颂》还未迎至中原,故对《般若二万颂》和《般若八千颂》有大小佛母之术语。

大译师法护之亲传弟子法成,具有才识精湛、德行谨严和心地善良三功德,来到汉藏交界之地敦煌,并于此地初建佛寺,依本土居民之意愿,讲经说法,使众百姓虔心信仰佛教,于日西处初次宣扬妙法之名号。

称名为法献、道林和尚者,是同期出现之两名健谈善辩之士,彼等善于依佛教义理详释儒道之论典。在南朝齐国时代,江南地区广泛形成奉三宝为上师之良好风气,此乃此二师之恩德。齐武帝授封法献为国师,法献晚年遁世隐居山洞,八十九岁逝世。

称道安法师者见多识广,以《因缘品》为例通达一切明处及技艺。其神通广大,无可阻挡,成为南北两朝大主及诸多国之应供处。彼造《般若二十五颂注疏》二十二函,最初编撰《大藏经·目录》,与天竺论师僧伽提婆、昙摩难提等人合译诸多佛语和论典。其弟子慧远至江西,虽想在一僻静幽雅之处修建一座佛刹,但因无水而受阻,此时彼在一山洞里无意中以杖杵地,自言自语道:"若有一眼泉水在此",即刻冒出一股泉水。于是慧远安居江西,其同门慧持常居四川,二人各自在所居之地弘法利生。据传独当一面之弟子共有四百名,如此,亲传和再传弟子发展愈多,彼等不分南北之类别,为振兴佛法及利益众生作出了极大的贡献。

鸠摩罗什亲传弟子竺和尚(即道生——译者注)和道融法师等人注疏、讲说大小般若经,明确讲说其隐义,此等"利生事业"对修习般若之化机而言,真可谓恩重难得。道融精通梵文,有出类拔萃、无有对手之自豪感。当时有一名自称为大婆罗门班智达的外道人,从僧伽罗国(即今斯里兰卡——译者注)用驼驮吠陀经至(后秦),禀报秦王姚苌在秦国建立彼等之宗派。王犹豫不决,便问鸠摩罗什如何是好。鸠云:此婆罗门此次虽未曾为争辩而来,但恐此教渐次危害后期佛门弟子,何不妨请一汉僧破之。于是命道融为其对手。融趁此婆罗门为一小事稍不慎之机视彼诸经之书名,只此一瞥，便举一反三。在王臣与众僧俗集会上，二人开始进行研讨，婆罗门云："余并未想过为争辩和进攻而来，因摩诃支那地域辽阔，如同天竺一般，故想余等之宗派立于尔。"和尚云："尔等所有吠陀摩诃支那皆有"，随之，用梵文述说汉区的一切明论技艺，间杂彼之所有经籍名称，经书总数比彼等多出三倍，彼大惊而跪拜道融。复次，鸠摩罗什对王云，令其婆罗门返回为善。王赠少许礼物与彼，令彼返回。在此汉地至今仍未存在天竺常断论普通异教徒，此乃本论师之恩德矣。

天竺论师佛图澄（即佛陀刹，谓即含识主）者，熟谙三藏，获得密咒成就，神通广大，神变无穷，无有任何阻碍，于西晋时代至（汉区）。当时中原地区有一号称"胡子王石爷"者，此人一般对杀生毫无顾忌，特别对所依三宝（即指佛像、佛经和佛塔——译者注）惨不忍睹，使得人神皆胆战心惊。论师早有调伏此人之意图，先以全知全能的神通调伏了一个性情温顺的人，此人被称为威福将军黑略；随即将彼之眼前与将来之得利受损之情统统授记与彼，并使之取舍，随之彼常时获利取胜。对此，王心生惊异，并连连称赞与彼。后某一天此将军对王云："托大王之福，能得如此奇异之边僧援助，真是天助吾矣。余所得一切胜利，全靠彼之教导。"此王听后大悦，遂延请论师至彼处。王云："余突然心想得见三宝之功德。"论师将一大器皿呈于王前，遂将水注入器皿内，然后口念咒文，即刻从水中生起一支青莲花，闪闪发光，芬芳馥郁。又一天夜晚，不知何故，王披甲戴盔，手执宝剑，并遣一人到论师处，嘱彼问论师，大王已不见，如何是好。当此人来到论师跟前，还未来得及发问，论师便云："汝先问王为何无敌手却着硬装发威风，然后至此。"此话使彼主仆皆服矣。但其多数授记据传借助《二品》（即《喜金刚续第二品》——译者注）所说圆光法、梦及《铃声品》等讲说矣。有一次，此王心烦意乱，心想佛图澄或许是一幻术士，想用威猛法考验彼，便差人请彼。此时论师躲在黑略家，假传不久前佛图澄已失踪。此王认为佛图澄遍知己心，弃而出走。心想再不返回，如何是好，悔恨之极，整宿未能合眼。翌日，佛图澄依然前来拜访此王，得到此王虔诚信仰，至此王方诚心入佛门。王孙石斌暴卒已过二宿，因其孙受宠之极，王再三请求上师使彼起死回生。上师来到死尸前，先将咒语加与柳枝上，然后用柳枝抽打死尸，尸体便立起，渐渐出气，以至复活。此后，所有受宠之极之王孙均在神殿和寺院抚养。僧侣之生活及三依（即佛像、佛经和佛塔——译者注）之供养亦很富足。石勒去世后，由其弟石虎继承其王位，彼倍加恭敬与侍奉论师，使之与己同等享受一切财富和荣誉。彼对论师唯命是从，但是，由于此王惨无人道，据说有几次论师未能阻止其杀掠行为。一次，王修葺一大宰堵波时，心想若能寻得与此塔相适应之遮雨镀金铜伞，该是何等之喜事，于是便与论师谈论此事。师云，于某地有如此之森林，林下便有一顶与之合宜之精制古伞，并以手绘出所言之图形。王依论师所说遣人寻找得之。又有一次同王登楼消遣，论师便喊道："哦哟哟，幽州城将受苦矣，急需救之。"随之，取王之一酒杯将酒撒向一方云："善哉，善哉。"王即遣使观望，当日火从幽州城门四壁同时燃起熊熊烈火，此时从西南上空出现一云团，随即倾盆大雨，将火即刻熄灭，据说降雨之地亦散发出浓郁之酒味。又有一次王在大金顶殿设宴时，论师起身离席，来回踱方步，以手击柱，便唱道歌云："无量宫兮真无量，枣核幼苗向上长，逐渐成为大枣园，尖利枣刺伤人矣。"王心生疑虑，柱子周围掘土寻觅，寻得一枣核，但不认为指此枣核。论师逝世一年后，石虎亦去世。石虎刚死，其臣冉闵背叛己主，所有石姓者皆被冉闵杀绝。于是王位落至别姓手里，冉闵绰号枣核也，道歌中的"枣核"，即指冉闵。复次，论师在其晚年，彼所言谶语，与往昔大不相同。有时用道歌唱，有时自言自语，不知何云，从头细问，便一言不发。上述宴会结束不久，（论师）造以无常为内容之华翰一封，寄与石虎以为临终遗嘱。十二月上旬八日，论师于邺宫圆寂，享年一百零一十七岁。以石虎王为首的众僧俗百姓号啕大哭，悲痛万分。各自尽其所能供养遗体，依其生前遗嘱，保存遗体而未予火化。钵盂、锡杖等延至灵堂，加以封存。后来冉闵丧尽天良，无恶不作，给死人及生存之人以深重灾难。彼等甚至打开论师灵堂之门，进而开棺观尸，但棺内仅存钵盂、锡杖而已。据说此时（众人）认为佛图澄乃一获有长生不死持明者，即以死亡之法为增益，至他方做利益有情之事矣。当时正值汉、魏、赵三国激烈征战，尤其胡子石氏父子既残暴又专横，此论师如不用技调伏，恐此中原地区之黑发人类濒于灭绝，甚至连三宝的名号都不复存在。依托此论师之恩德，而未曾出现如是惨景，且有其亲传弟子一万余人，其所建大小寺院八百九十三座。据说，对佛法和众生以往未曾有过比此论师恩惠更大者。论师身高八肘，身量魁梧，威光显耀，声调悦耳，言谈海阔天空，毫无拘束，获得密咒殊胜成就，如许神通神变，可谓得心应手，无所不通。虽身为国王之上师，但从不放荡不羁，处处严守滴酒不沾，不食非时食等等一切戒律。上师两次返回距离汉区九万里之遥远故乡罽宾。据说论师临终时，留言自己出家已有一百零九年。据说，其左乳正面周围有一四寸深之俱生孔穴，白昼以棉絮堵之，夜里将棉团取出后，可从孔内放射光辉，以为油灯。有时将诸五脏六腑皆从孔内拔出，用水洗净后再入孔中，可谓奇异非凡。

世称"白足住持"者，真名乃昙释也。因腿色极白故名，彼一受近圆戒，即刻显示证果迹象。胡王赫黎颜伯者，凡是僧人现于彼前，彼便斩之。释至王前，王盛怒，以多种武器击彼，但昙释却未受任何伤害。王心生敬仰，向僧发誓今后不再伤害僧人。昙释便成为中原无数僧人之救主。往昔高丽国连佛教名称都未曾听说，正是此僧，携诸多三藏经函至高丽，首创佛法于彼处。

人称昙谛和尚者，乃一小酷吏之子。其母白昼入睡，梦见一老僧，僧云："老母，请将此物收藏矣"，随之递彼一长尾鹿之鹿尾拂尘及一花纹铁尺。醒时，此二物于彼怀中。随后满过十月，彼生一具足相之子。五岁时父母取前二物示与彼，彼云："是秦王赐予余矣。"问彼："汝为何人？"答曰："忘矣。"一次往一地与父结伴而行，途中遇见一老和尚，谛突然对彼云："程立玉",彼很惊奇,便问:"公子如何认吾矣?"谛云:"园里野猪害余嗷嗷叫。"此话乃该和尚经历中之话,回忆之后即问:"哎呀呀,究竟尔为何等人物?"谛缄默不答。其父极为惊讶,便云二物之来历。于是和尚泪流满面,连连跪拜并紧跟昙谛道:"此即我师弘教法师之转世活佛,此二物乃秦王姚苌赐予吾师,上师圆寂不久,即消失而不知其去向。众等深信被护法神取去而无任何疑虑。"由于诸等缘故,彼亦出家为僧,无有障碍。因彼记清前世之诸事,即使学经不勤奋,亦极善于著书立说,得到众僧俗之拥戴,自幼起居高临下,但彼生性喜欢偏僻幽静处,功业却不甚显著。彼随同近六旬之老母,每每至幽雅僻静之处修行,且仅仅以此度日。

人称僧稠和尚者,于嵩山寺以禅定为其主修课。一日彼召集众弟子云:"佛法须臾安息之时到来,吾侪必须躲避矣。"率其门徒数十名携诸多经书,至距西安府四百里之西南隅翰山谷。不久,北魏太武帝所说佛法将受破坏之授记应验了。后来佛教余烬重燃之时,魏永昌央(音译——译者注)闻知此事,派遣专使延请僧稠。稠假托年迈未去,遣以上等弟子昙询为首之诸多僧侣及经书。隐蔽于他处之诸同门弟子,惧怕被诱骗而未前往。后昙询出示通告,结集诸弟子。此王授封昙询为其导师,使佛法再度振兴,犹如西藏大活佛传中所记之情形。

人称慧琳和尚者,至天竺依止罽宾论师达摩毗支,据说弥勒菩萨亲自为之授菩萨戒。彼从论师听讲菩萨戒与三昧地次第,尤精于律仪。返回后,成为吐谷浑摄政王石子鲁永之应供处。该摄政工出资在四川为慧琳建造左泉寺,彼在此地广弘毗奈耶法,建树律法之幢。后来,南宋文帝将彼延请至钟山定林寺,渐次南宋孝武帝延请彼为己之应供处。凡是彼莅临之处总是广传毗奈耶法,致使有人传授及听受。于江南弘传律藏方面,属该论师恩惠最大。

人称法悟和尚者,五十岁丧妻,其子六人皆出家为僧,修习十二头陀行[18]。后至南吴唐,居于一幽静山中,其山名曰"樊山"。法悟正散步时,有名善慧者，即一土官闻知彼之经历后，不由生起敬仰之心，为彼建寺一所，奉献于彼。彼昼夜六时，集会讽诵《大般若经》《小般若经》《法华经》等诸经，虽年七十九岁，但从未间断过修持。其门徒道济等人继承其禁行之传统，并将头陀行长期流传于此地，其寺名曰"头陀寺"，以头陀著称于世。

人称法宗和尚者，善于狩猎及射击，一次追捕野兽时，见彼所射一箭正中一牝鹿之胎脏，小鹿便由牝鹿胎中落地，牝鹿又返回，用舌舐小鹿。见此情景后，彼悲痛万分，当即将弓箭用手折断而弃之。彼出家后连细微戒律都不轻毁，常时念诵《法华经》和《维摩诘所说经》二经，昼夜六时，入定忏罪不已。其僧俗门徒共达三千余人，所传弟子以念诵《忏悔经》为主。建寺一所，寺名"法华台"。

人称僧铨和尚者，是一山间修行之比丘，行止极其严格而清正。因年迈不食硬食，只饮清水为生。有一次，彼携钵外出取水时，见一水鸟一只翅膀被折伤，于道口直打滚。此道虽是唯一通道，但因此险道极为狭窄，唯恐扰乱此鸟滚动，便回头返回己屋。时隔未久，上师口渴而逝。传说师曾云，彼幼时游戏中，曾折伤过一水鸟一只翅膀，为此，需得顺现法受（意即需得活报应——译者注），享年一百四十岁。

另，人称瞿昙称和尚者，为救他命舍身饲虎，又有一人称法受者，割去己身之睾丸施舍与贫穷者等等。正因如此，世人皆赞众僧道：仁慈和怜悯无人与僧伽相比拟，大大提高了僧人之声誉。

人称慧国和尚者，其毗奈耶戒行著称于江南地区。一天夜晚上茅厕时，一鬼叩拜上师道："前世是该寺一男仆，由于轻毁细小遮戒，今生却投生为食粪饿鬼类。只有上师助吾脱离此难，务必请予大悲摄持。信物三千两铜钱，埋藏于某柿子树下，请将取来以为布施本金。"上师将事宣告于僧众集会上，随即带众僧至树前，挖掘时所言如是。将钱以为公基金，《法华经》之讽诵增加一次，设法筵与众僧。随后慧国上师梦见：此鬼以欢喜之态跪拜上师，并向彼云："已投生为一善趣生物，真是感激不尽"。传说此话对少数修行散漫者亦起到有利作用。

人称慧达和尚者，望见于神殿附近某一处，每日夜晚亮光闪闪，挖掘时，铁、银、金三种金属所制三箧依次露于地面。彼亦依次开箧，内有骨舍利三个，指甲一块，右旋头发一两。彼寻得此等宝物后，为其建造一座三层窣堵波。名叫僧弘和尚和僧亮和尚者，分别塑造释迦牟尼佛金身像一尊，金佛身高达三庹一肘；人称法悦和尚者，建造无量寿佛金身像一尊，身高达三庹三肘；僧护和尚，雕塑弥勒石佛一尊，身高达十庹。法慧和尚，新建寺院五十三所，且善于建造窣堵波类。他诵经声调悦耳动听，善于讽咏道歌，引吭高歌；常时连续入定，昼夜不停而雷打不动；亦通达其他吠陀、明论经典，僧俗部众皆为之才华所感动。先后出现此等利益佛法和有情众生之事迹，多种多样，数不胜数。

南天竺班智达僧伽婆罗至江南，由梁武帝为彼作施主，宝唱和尚和慧超等人为其作译师，翻译以《别解脱经广释》为主之经书五十卷。亦与同乡、另一班智达曼智罗，译出《宝云经》《佛说法界经》《佛说空性经》《般若波罗蜜多七百颂》等经，并予对勘审定。宝唱和尚乃一大功德库，（梁）武帝亦是虔心敬仰佛法及功德无量之士。于彼顺缘资助下，对经、律论三藏皆作分章节、本文注释合编、归总、注疏、再释、梵文注释等诸多释藏，建造佛像、佛经和佛塔，圆满讲说和修习之顺缘，恭奉众僧侣等诸多佛事，据称在弘法利生之佛事方面，无论江南或北方，如同此王一般者亦稀有之。此王为追荐其亡父所建之爱敬寺，自正殿至门楼长达七里；左右两旁各有八院，又分三十七小院，院落空地间有楼阁、小亭、莲花池、花果苑、桥、长廊等。殿内主圣是金佛和紫色旃檀佛各一尊，每尊高十八肘。据传紫色旃檀佛，白昼由人匠开始建造，夜晚由神匠圆满完成。凡是瞻仰此寺者，无论智者或是愚者都无不为之赞叹。又据称此旃檀世尊佛像，佛身向上延伸四肘，故高达二十二肘。寺内有比丘一千人。为其母所建智度寺，其结构布局如前，但规模小一半。寺内主圣是一座七层窣堵波，塔内有舍利。金佛身高同上，寺内比丘尼及其仆从计五百人。同泰寺，有九层神殿，其结构布局如前，主圣是十三层窣堵波。据说此寺有天竺、汉地僧侣，数量有限，生活由朝廷供养。（梁武）帝晚年时期，天竺求那罗陀至汉地，彼有跏趺端坐于水面，往返渡水，却滴水不沾其衣裳之神通。宝严和尚为彼做、翻译，译出《十地经疏》《经藏法门无边》《金光明经》等大藏经二百七十八卷，被称为最佳译经者。其亲传弟子法富，虽未至天竺，但因本人敬信，加之上师教导有方，成为通达佛法者，自译《声明学》，造《声明疏》《声明再释》等共计近一百函，其事业极为发达。

智藏和尚乃替（南朝）宋明帝出家为僧者，天资聪颖，深知唯独善知识是一切功德之本，凡见诸上师欠安，直至上师能讲经、进食为止，彼总是不饮、不食、不睡觉，甚或不更衣，举止不同于众人。由于彼效法佳宝童子，使彼被加持为睿智，致使学业上无任何艰难，通达一切知识，被列于智者行列。自二十岁受完近圆戒起，于众讲论佛法者中成为出类拔萃者。彼获（南朝）梁武帝之敬仰，帝为彼建开善寺。于该寺创办讲经修道僧团。藏曾听一极善于算命之老妪言，藏寿数只有三十一年，智藏二十九岁时，停止一切以讲论为主要内容的佛事，为追求来世之羯磨，昼夜六时一边以手结转莲印，一边不停地讽诵《金刚经》。如此闭门修习达三年，虽已超过寿数，但仍平安无事。彼心生疑虑，请教老妪此为何故，老妇答："汝可延寿三十六年。"随之，重新投入利他事业。此王（即梁武帝——译者注）精通佛法，明察大多四众弟子之行为违背毗奈耶律藏，为此，拟定新的规章制度，规定凡是受过戒律者通通依律仪行事，违者严惩不贷。当此新规章公布之前，事先召集诸大和尚，征求诸位有何高见，大多口言善哉表示同意，少数人缄默不语，唯独上师一人高声道："大施主，此意不妥。"接着详述持法住持干涉政治及摄政长官干预佛法，二者皆为大不吉利之预兆之理。帝广引诸经藏中所说佛教应接受诸帝王监督之论述反驳智藏，上师（即智藏——译者注）详解诸经藏之真实义，并问帝道：佛在世时，诸帝王为何不惩治提婆达多[19]和六群比丘[20]？援以经教和道理破帝。帝无言以辩，因一般帝王生性多疑，此王亦不悦而离去。众同伴怨彼过于鲁莽，上师云："如此有损声誉之重大事情，即使帝不问，亦应禀告，况且问了。此人主是一敬信佛法者，不一定诛余。余直言禀告，为何过于鲁莽？难道明明见到施主帝王误入歧途而不去助其返正，明明知道四众弟子陷入苦阱而不去营救？如若在家人控制沙门，此为灭佛不共因，亦为利乐本枝，难道不知此乃间接有损王政之法则？"正在发问中，却无人答话。"过于鲁莽者，乃尔等不惧怕诸佛佛子耻笑者也，大胆尔等。"如此义正词严，众皆服矣。帝略思，为第二智能之作用所致，明了上师所说一切为永恒真理，便迅速返回。帝云："智藏所言的确如是"，并以喜悦心情大加称颂。众人皆心悦诚服。从此新规一事悄然而去，四众弟子之心头之患亦烟消云散，对后期的僧侣制度亦有助益。摄政王昭明太子授封智藏为不共上师，其著作有:《大般若经疏》《小般若经疏》《涅槃经》《金刚经》《法华经》《十地经》《金光明经疏》《入二谛论百章》《俱舍本论》等经皆有大疏，并使之广为流传。六十五岁圆寂。

南朝陈国时，中天竺论师乌巴蜀达、求那跋陀罗、苏布底等人同一时期至汉区，慧亮和尚为译师，译出《集经》《般若诀窍摧伏所问经》《大宝云经》等经。

北朝北魏太武帝，由于内心过于倾向道教，致使恶魔缠绕，粗暴践踏佛教和所依三宝，其残忍程度为朗达玛[21]之二倍。彼晚年活活得到报应，身患急性麻风病，此时彼虽虔心敬信上述白足尊者，痛改前非，但未能康复而去世。其子文成帝，如同神菩萨一般慈悲怜悯，全面恢复佛教，于北端石窟寺，延请以天竺论师多摩玉为首之诸多善知识，补译所缺佛经。北天竺班智达菩提流支，精通佛法，德行高妙，文成帝将其迎请至南端永宁寺恢复佛教。同时亦迎请摩揭陀大班智达勒那摩提和罽宾班智达佛陀扇多。被邀和主动来者共计七百名，皆为天竺论师。依王之顺缘，不但使佛教余烬重燃，而且使之大为振兴。此即北方汉区佛教之后弘期。往昔，小胡王黑脸伯伯，和后期北方大王周天宇文帝二帝期间，佛教虽遭受一些挫折，但未发生大的风波。佛教在江南自开始流传至今，从未遭遇过像北方那样的破坏。

永宁寺是魏孝明帝之初由胡太后创建的。据说在掘该寺地基时，从地下挖出三十二尊金佛，认为此即大吉大利之兆，于是不惜花费任何代价，认真完成建筑事业。寺院中央为一座九层窣堵波，高达九百肘，土木砖结构，其上神殿为金铜结构，高一百肘，共计一千肘，距此百里远处看，金光灿烂，犹如日轮落大地。神殿塔瓶可容纳大米一百二十五斗，塔顶有十一层遮雨盘，纯金吊索连环套于所有塔楼。大铎一百三十，大小与斗相仿；小铃五千四百，大小与碗相仿，声音之悦耳动听，百里以远亦能微微闻到，使人心旷神怡。主殿四侧，各宽一百零八肘，各分九段，六扇窗户，三扇入门。北侧有一大神殿，其左右隅侧及周围房宇等皆同于皇宫之大小金顶殿，佛本生传和付法藏师以及先贤圣者之传记均绘于壁上，自主圣起直至四天王等一切佛菩萨神像之装饰物皆为纯金和各种纯正宝石团。周围有僧舍一千所，正台前有三层台阶，直道三条，台上有三窟穴三层门楼，高四百肘。其他三方亦有各自之台阶、人行道，左右两旁各有门楼二所。后门无楼房。塔内有直通神殿塔瓶之螺旋形台阶。各方隅有瞭望房。院内外所有空隙角隅，栽满果树及多种花树，当时由于上贡北魏之边陲庶民极多，可从各地收集名目繁多之花卉和香草果树，以为装饰。此寺因材料、装饰及建筑风格等独特非凡，据说南瞻部洲之他方任何一地都未曾有过如此巍峨之神殿。虽然如此，不知是否为佛法危难之先兆，太后逝世未久，此神殿由大海诸龙经天然生成之火神口道，已迎请至龙宫（意即此寺发生火灾后，已毁——译者注）。瞻部洲虽于后弘期，于此废墟上建立庙宇和僧舍多所，以为恢复，但只是名存实亡而已。一般太后其人虔诚信佛，据说彼曾遣使者至雀离浮屠尸毗王塔前测量塔身，将己所营造四条长七百肘者之彩花锦缎飞幡奉献于此塔，将四飞幡佩于伞，由上往下展开，一直下垂至塔基。

当时，瞿昙种姓瞿昙般若流支论师从贝那勒斯至汉区，由昙林、僧昉二和尚为其作译师，翻译《正法念处经》，唯识论有关辩驳论典等八十五函。

不久阁那跋陀罗戒师、耶舍伽忽、达摩罗刹、多摩塞那耶舍等至汉区。由智天、法性深、觉勇等和尚及丞相天阳公萧吉（译音）等人作译师，译出《四外明[22]之典籍正文》几部、《天文历法》二十几卷、《智慧善住天子请问经》等经藏经几卷。当时有一名曰明骏和尚者，此人见多识广，又健谈，喜欢咬文嚼字，有同类门徒仆人数十人，曾得到少数贫家富户之赞许及奖赏，而为之自豪。彼过高估计其智慧，扬言细究当今多数说法者之一切行相，其法如同毒蛇，于是造《喻蛇论典》一部。此书因措辞恰当，语言精练，文笔流畅而流行一时。当于广场讲说和听闻佛经时，多次被迫中止，生恐为彼所狡辩，致使佛法遭受危难。一次，该和尚和其几个助伴，应邀至施主家入法筵，当用餐时，彼云心脏剧烈疼痛未能进食，便离席返回。在返回途中，彼脱衣现裸体，于地上直打滚，双臂贴肋旁，双腿变为一条，渐次变化成一细长条，彼仍打滚，向诸助伴道："此为创立《喻蛇论典》之活报应，余应得矣。在余之想蕴未变化之前，尔等尽速逃离。"于是有的出逃，有的爬树。彼又云："仅此头部变化极难。"用尾梢多次拍打头部后，即刻裂开其额头，从两颊中显露出蛇头，顿时从四面八方集无数条大小不等之蛇，狂风一起，一时天昏地暗矣。

人称沈云者，是一戒师，亦为可亲可爱之佛教徒，稍有胆量。夏住时期，彼云，此地如此这般，不知自己已经极为散漫。一次，解制日彼失踪，不知去向，众僧分头寻找，见彼倒于一塚间，身有刀伤三处，流血不止。问何故，上师答曰："一巨人手执宝剑，口云僭越世尊善说之毗奈耶经者受此惩治，用剑连砍三刀。"众僧极力忏悔后，用药医治，伤痊愈。从此，彼卸任住持，勤奋作以忏悔为主之法事，入闻思法不止，晚年成为最善知识。

名为觉圆和尚者，乃众人公认及推崇备至之人矣，通达证悟戒定慧三

52

学所得一切功德。彼时又有一上师，乃钝根随信行[23]者，遭磨难，幻觉每日清晨佛祖尊容示现于彼，彼亦向此方向跪拜不已，问彼不语。后来其幻觉移至枕前，错觉佛已授记与彼："汝已成佛。讲经说法，收众纳徒，任彼自行。"每日模仿佛。他人觉察此为磨难，摧彼唤醒，彼不听。以药医治仍无效。随之，一尊者动员众僧延请觉圆和尚。圆应邀而至，低声述说彼遭难之经过，如同亲眼看见一般，众皆惊服矣。复次，彼受圆之口诀后，顺利脱离此恶魔。

一大住持名为圆图，忠贞不渝，于章元寺担任住持期间，一次，一沙门衣衫褴褛，口鼻滴流脓血，为麻风病患者，请求住持借宿，多数僧侣不同意。师想男仆人不愿让其住宿，便召彼至己室，谈话间知彼为大智者，以药物及所需器械精心调理，使病痊愈。临行时，上师将一套僧衣送与彼，上师手牵彼手，作短程送行。彼云："在释迦山东北交界处，有一竹林寺，能否至此见余矣。"上师铭记于心。几年以后，出去游览以为消遣。（上师）虽问住此山之本地人，但无人知晓。东北方向从一沟头过来一个骑马人，此人以威胁口吻无故阻止上师诸助手前行。上师犹豫不决，独自一人经过时，却未予阻拦。只见溪水潺潺，绿林幽幽，景色十分优美。尽管只听鸟声悦耳，无人相问，但其幽静之景致，却毫无倦怠之感，再行数里，只见一清澈泉水旁，有一小桥，其左右两侧为竹林、松、柏树及花园，依旧道穿行时，有一灵巧精美之牌坊，距此不远之处，见一新寺，其门楣上方书写金字匾文"竹林寺"。上师心生无比之喜悦。正在踌躇能否自由入内时，出现一人，问道："从何而来，找何人。"说明原由后被引入内。至山下一小院里，见以前沙门在此迎候上师。据说此处之茶果香等皆于人间未曾尝过，沙门云："今已迟矣，明晨晋谒住持之后即可返回。此处不是人人皆可久留之地。"问此地如何情景时，缄默不语。此外，听彼许多有关佛法之奇妙言语。翌日清晨，彼引上师晋谒住持，住持笑容满面地只道："善来。"别无漫谈。其头发眉毛洁白如雪，肌肤柔嫩，身着三法衣[24]端坐于台，然靠背、宝座及华盖皆由珍宝和多种锦缎所造。坐于住持左右两侧之众僧侣，虽老少不相仿，但个个惬意可亲，容光焕发。又引出来作短程送行，并云一路平安。当上师问彼住持之名号，继何人之法统，寺院规模何如，有多少僧侣诸问题时，彼云尸骨山附近某地，有一老尊者，问彼矣。上师吝惜不舍，连连回首观望，当一过小桥观望时，只见茂密森林为白云所笼罩。行至大山附近，众助手亦于此处。上师寻见老尊者后，引至一处悄声问，老尊者云："考余也"，答"非也"。尊者云："此住持乃宾度罗跋罗堕尊者也，众皆乃彼眷属矣。竹林寺即幻化神殿矣，眷属数量及住房大小无有定数。汝之缘分善良矣。"亡师由于未得与彼等结交亲近之机遇，深感失误和痛苦，但得晋谒彼等之善缘，亦心生喜悦，致使上师悲喜交加。

隋朝第一皇帝隋文帝时期，有一和尚名曰丹眼，其人外表相好，内心充满教证[25]。幼时一夜晚投梦，一身着日衣乘骑白马者对彼云："是来交付佛法与汝矣。"马尾一垂地，即发声响，彼云是马鸣菩萨所加持。往昔，周宇文帝[26]排斥佛教，凡是精通佛教之高僧，均被召至京城，令与许多非僧之聪颖儒家学者辩经。儒家每每获胜，唯独此上师未能被辩败。帝虽合意，重赏与上师，但只赏赐与补特伽罗[27]，而不恭敬佛教。渐次，破坏佛寺，强令出家人还俗。上师几次出面阻止，未遂，于是出逃隐居。后帝患重病，痛改前非，修葺佛寺几所，由一百二十人代帝出家，但不久去世，政权被大隋夺去。上师身着法衣，手执钵盂及锡杖，前往晋谒隋帝。上师为帝故旧，帝一见大喜，奉之为导师。如法授近住戒[28]与帝及其众眷属，除催帝修复旧寺外，有一千二百五十人受近圆戒，五百人受沙弥戒，使佛教余烬得以重燃，七十三岁圆寂。

那连提耶舍，王族，乃北天竺人氏，释迦种姓，来时因迷路至胡蒙地，受到许多蒙人之崇敬，依化机之心愿授予六支斋法。和游客结伴而行，至汉区，成为隋文帝应供上师。由法智、僧宝、慧远、法纂，大译师觉宝，居士天丽等人作译师，翻译了《菩萨藏经》《正见经》《方广经》《月藏经》《日藏经》《有关俱舍论之法胜经》等经八十余函，建寺三所、给孤独院一所，以羯磨集[29]广泛利益有情，于开皇九年秋八月三十日圆寂，享年一百岁。

求那珍陀，乃北天竺人氏，王族也。极早至汉区，虽译过许多《十一面观世音怛特罗》和零星《陀罗尼咒》等观音经，但不久由于正值周天宇文帝贬抑四众弟子（即指北周孝闵帝及明帝破坏佛教——译者注）之时，该论师生活亦很艰辛。后来上赐彼以生活资助，翻译《出家经》《法灯经》《贤护菩萨经》等经一百七十六函。依该论师、阇那崛多、婆罗门种毗阇多等论师嘱托，译校、新译大藏经颇多。

达摩笈多，王族，南天竺人氏，开皇十年至汉区，此王（指隋文帝——译者注）与子炀帝时，译出《方广大庄严经》十五卷，又译《起世因本经》《药师佛经》《善说二资粮经》等经。其弟子一和尚，名为彦琮，精通梵汉两种文字。撰有《圣境（指天竺——译者注）庄严现观十品》，其第一品内容为不同区域之差别；第二品为年、月、季节之论述；第三品城堡房舍；第四品护政王法；第五品文化学习；第六品道德风俗；第七品饮食；第八品服饰；第九品珍宝财富；第十品山川风景。此书是记述五印度风情之最佳经籍。该和尚后来成为（隋）文帝之应供上师，《大藏经·目录六章》之主要编撰者。（隋）炀帝所获梵文贝叶经五百六十四卷，交付与彦琮上师，其经有一千三百五十类种，上师不依他人之力独自译出所有贝叶经。此经书分七种类别，即第一经藏类，第二毗奈耶藏类，第三赞颂类，第四注疏类，第五因明类，第六声明类，第七杂类。当时胜任梵译汉之译师颇多，但汉文佛经还译成梵文之水准，与该上师相同者却无一人。彼时于舍利供养等诸重大节日，出现诸多吉祥相，上师奉旨将之译为梵文，赠与诸天竺人。彼等云，此文与彼等之智者所造文章，无有差别，奇特非凡。上师学经时由于疲惫不堪寒风难忍，加之腹泻旧病复发，五十四岁逝世。

宗门一词亦可译成佛语传承。体验加持传承，或称千明大印，即讲说宗旨。正如觉囊派贡噶宁保[30]在其《印度宗派源流》中所说"龙树怙主向提婆讲说宗旨后即赴吉祥山"一样。于支那汉区所传宗门是，正等觉释迦牟尼佛、大迦叶、阿难、商那和修、优婆鞠多，随之传与提多迦和末因提迦二者，提多迦传迦罗、迦罗传善见、毗婆迦二者，毗婆迦传佛陀难提、佛陀密多、胁尊者、富那舍、阿湿缚窭沙（即马鸣）、迦毗摩罗、龙树、提婆、罗睺罗、僧伽难提、伽耶舍（有少许藏文佛经中将伽耶舍说成阿罗汉比丘和伽耶舍二人，错矣）、鸠摩罗多、阇夜多、婆苏盘豆、摩拿罗、鹤迦勒耶舍、狮子、婆舍斯多、毗首密多、般若多，随之为菩提达摩。

菩提达摩是自迦叶起第二十八付法藏师。彼于天竺佛法交付与后毗首密多，离天竺至汉区。晋谒江南梁武帝（名萧衍），帝王宰辅及少数善知识听彼讲经说法。正如《圣集经》中所说："佛说如同何故爱食有毒佳肴者，想学白净正法一般。"虽此王乐善好施，但对甚深法义却不满意，傲慢自负，喜欢炫耀本人之功业，其多数应供处[31]亦不通达三慧[32]，只具听闻功德者居上师位者颇多。莲花戒论师为调伏此等，曾于其所造《光鬘》中指出："即使正义，智者亦非以其分别心为存处。善与非善，其分别心有何分别。所依是能依之分别，烈火燃烧时无分别。旃檀木与火，一触即燃。一切分别心，即使细微亦须舍弃。"又《集量论》中道："由分别道引法性，远离失坏能仁教。"依阿底峡尊者于其《遗言》中所云"愿诸最佳修持者遭遇坏事兮。"之秘意，仅仅造作秘密（即指言外所指的含意——译者注）语和辞。正如《萨迦格言》[33]中所说："众猴擒拿人类，耻笑人无尾巴。"由于多数人过去对此毫无经历，致使惊叹不已。于天竺少数寂护传承者，及阿底峡尊者未至西藏前，于西藏所出现之情形，即将唯识宗误作中论，中论又误作为断见者颇多之历史，最初出现于汉区。许多智者将（菩提达摩论师）误认为断见者。其主要原因是论师对帝王不讲情面，帝不悦，一切事情放任自流，不加约束。论师深感自己已成为"祖达"单足国[34]之双足人，于是离开此地至北魏。一武官乘舟渡江时，见论师于江河中双足登一棵芦苇飘然而过。彼心生敬仰。此话流传至江南，但是后悔莫及，成为失猫窗户[35]。此亦由于北魏和南梁是死敌，故不许往来。

有一和尚，名曰慧可，当闻论师之情形时，崇信之心使之汗毛耸动。于是跟踪追寻，至魏后得知居住少林寺。彼时，正值以菩提流支论师为首之汉区和天竺诸多智者高举妙法之幢、敲响妙法犍秩[36]、吹响右旋法螺之时。此年迈手印论师（彼时年龄70岁），已于该寺隐居9年，迎候有缘之弟子。虽由上述慧可和尚和3名魏僧，即4名弟子侍奉，唯独慧可如同阿底峡尊者及仲敦巴[37]一般。但为谨防彼等成为油滑之徒，未予像教授初学者一般讲授，只讲说名辞或采取提问形式，如施细微种子一样教彼等自己思考，促彼等滋生思所生慧[38]，经过修持使彼等心思仅仅内向。这也与阿底峡尊者所说："听闻讲说不通达，只有修持才通达"相一致。其他三弟子明了总义之形式，唯独慧可一人见义。上师了知其心续已成熟，将法藏交付与彼，并授记道："当余登芦苇渡江时，芦苇具五叶之缘起，由汝单传五代付藏师后，遂门徒大增，随之将成为五个独立宗派。"随即示寂。后来听由天竺至汉区之几个游客云："论师只穿一只鞋已返回天竺了。"其众弟子闻讯后，开棺验法体，棺内除一只鞋外，别无他物。又据有人说，当菩提达摩论师居少林寺时，菩提流支很嫉恨他，暗中曾多次施毒与彼（藏文《五部遗教》中亦有如此之内容。菩提流支不是这类人，想必未探讨而猜测之。）又有人不知汉僧之三法衣均有两个纽袢代为《毗奈耶经》所说之两条短带，却云当慧可接受法藏时，还有另一弟子于彼旁边，上师为使彼（即另一弟子——译者注）离去，便云："多一人矣。"慧可却误听为"剁一手矣"，彼以上师之语为正语，即刻用剑割断其右臂。后来其法衣（因缺一臂）往往下垂，遂钉二纽襻使其提上，已成习俗，等等无稽之谈。凡是藏人一见论师（指菩提达摩——译者注）像，误认为帕当巴（帕当巴桑杰，是藏传佛教息解派创始人，天竺僧——译者注），汉藏之间误解多，乃误解者所故误听。

复次，自慧可大祖禅师起，僧璨鉴智禅师、道信大医禅师、弘忍大满禅师、慧能大鉴禅师、南岳怀让禅师、马祖道一禅师、百丈怀海禅师、洪济禅师依上述授记，自第六代慧能起流传很广，形成独立之受教弟子5人，其中一人是主要人物，其人为帝王后世，名为临济义玄禅师。含其人在内，第三十四代是当今此宗传承系统之代表人物透秘名恒禅师。自菩提达摩一直至彼，已过四十四代。此宗内心之吉祥结代代相连，未曾间断，可见其加持效力之大。

深观宗（即法相宗——译者注）之传承系统是：佛祖释迦牟尼、文殊师利、龙树、青目（即月称之别名，因两颊上各有一青痣，极像双眼故名）、亲辨、般若罗密、汉论师慧文，彼有龙树之近传系统。复次慧思、被封为智者大师者，是汉区深观宗之创始人，博大精深，神通广大，菩提心之神力，使彼调伏化机不靠他人之力，成为南陈两代王及隋文帝之上师。彼功业彪炳，流传千古。彼于天台山及玉泉山二处，各建一寺；天台山之寺名为国清寺。以此二寺为主，还建立讲授和听受寺院36处，造《大藏经》全套15套，以金、银、黄铜、旃檀等造佛菩萨像80万尊；受戒弟子14000余人，能继承道统者有32人，接过法缘者不计其数。划分五个时期，即华严期、鹿苑期、方等经期、般若期和涅槃期。又创所谓八门之风，即总体结构布局为八门：即顿门、渐门、不共秘密门、不定门、三藏门、通门、别门、圆满门。隋文帝促彼编撰佛经，彼造《入法界次第》等经近40函。于众僧集会上所讲关于《华严》《般若》《法华》《中论》《船若大疏》等经，由其诸门徒笔录编撰成经者50函。该上师（即智颛大师——译者注）以龙树菩萨之宗为主旨，推转法轮30年，于开皇十七年十一月二十四日在定中圆寂。享年60岁。逝世第九日方出定，第十日将法体延请至棺木中，彼时，向众徒示现加持相。曾有一名曰《圆寂后之传十法》之经书。据说该上师像帝舜一般有四只眼，关老爷（即关云长——译者注）是汉区政教之护法总神，即为该上师所制伏矣。此关老爷乃汉朝国政衰败之时，任一将军之职，带兵打仗，因彼技穷，被敌捉获。正如阿育王虽身为法王，但突然沮丧而亡，转生为一大鲸鱼一样，（关老爷）一般等起和现行均无过失，但憎恨之中寿终，而转生为一刹土龙神。经 400 余年，有一次上师于其玉泉山之寓所内，正于入定中，偶有一恶蛇进内紧紧缠绕于上师之身，并以各种凶恶姿态威慑上师。但师却稳如泰山，毫无惧色。毒蛇亦对上师无可奈何，于是狂风一起，此蛇即刻隐去。当日夜晚，为试探上师，彼率天龙八部之大军，披甲戴盔，前来上师座前，长跪不起，请求得到上师宽恕。师问彼诸缘由后，对彼说法，授彼以居士戒，并授封为护法神。此蛇从此成为政教共同之护法神。此神刚正不阿，办事极有分寸，后来跟随文成公主进藏，即所谓山寨先巴和格萨尔王者，皆为彼矣。另有（关老爷）和拍格孜药刹，二者天性皆然一致之传说故事。

复次，上述三十二名道统继承者中，具殊胜功德者有章安尊者、法华尊者、东阳天宫尊者、左溪玄朗尊者、荆溪尊者，随之次第而至，此即所谓天台宗矣，现于江南地带极为流行。此宗在北方中原地区分成两支，即由智者师徒至帝心法顺大师、云华智俨大师、贤首法藏大师、清凉澄观大师、圭峰宗密大师（此大师以前，即于五代上师时期，广泛流行讲说和听受《华严经》，故被称为"华严五大师"），含此上师在内第二十一代为佑安普泰法师。该上师至五台山朝圣，于一幻化神殿中晋谒弥勒佛，一月之内详细听受弥勒所讲《瑜伽师地论》全部内容。其弟子有义刚真理法师（音译），其弟子岳辰南乘禅师（音译），此即大明万历帝之帝师，彪炳功业，广传弟子。其一支，即含此师在内第五代上师善国公拿文和尚（音译）者，现于北京执掌总管汉僧之印章，专心致志地参与折伏八风[39]之善行（自龙树至此上师毫无间断地经历了四十代上师，其名称不需一一列举）。

大唐最初皇帝唐高祖神佑皇帝时期，摩揭陀论师般若迦罗弥多罗，即光生善知识者，最初至吐谷浑，受到吐谷浑王耶胡可汗（汉籍中称吐谷浑王为可汗，称王后为可顿，此乃吐谷浑语大肯和哈吞之变音。耶胡即耶黑，意为大。）之敬信，于彼处居数年，成为此王之应供处。后上师愿至汉区，此王惜而不允，但上师执意要去，只好应允。特遣人送行，平安至汉区。帝大加赞扬，令彼居胜山寺，由智圆、智无垢、智光、智宝诸和尚作译师，令由梁国公兼尚书仆射房玄龄、散骑常侍兼太子监师杜景龙二人任统管，令鸿胪夫兼台衡卿邵玉任总管家，朝廷提供膳食，翻译《宝髻陀罗尼》《菩提灯》《大游戏经疏》等经35函。译者中智圆和智无垢二译师最善译。复次，《答复辩难故事》等各种著作亦很多。

玄奘法师，世称唐僧，乃汉丞相仲弓之后裔也，自幼出家为僧，智慧非凡，记忆力与辩才无与伦比。十一岁起常诵《维摩诘所说经》和《法华经》二经。最初学通《阿毗达摩对法藏》，随之通读及探究一切已译大藏经。29岁生起须赴天竺之念头。唐朝第二代皇帝，即唐太宗文武皇帝贞观一年，进京启奏，因臣不予审理，暂离京城隐居他方。从天竺商人和天竺进贡者中学习天竺一般口语和礼节3年。彼一亲属极力为彼创造条件，想方设法，使帝对此事引起关注。贞观三年，终获准，彼大悦，便携路牒，向西启程。经姑藏和敦煌至高昌地区，见一商人，玄奘以前认彼矣。此人带奘引见高昌王（此王系突厥王族）。王请奘与己交谈，彼此很融洽。向王和王后及其眷属讲授《般若经》《胜军王经》等几部经藏。此王以极大悲痛心劝奘延期，作彼之应供上师，奘不听，绝食三日。无奈，只好送行，赠路费黄金100两、马3匹、当地锦缎500匹、240种路牒，派遣60匹马护送至突厥王叶护可汗处。玄奘将所有锦缎进贡突厥王，突厥王亦赐玄奘以丰厚礼品。由此处至铁门，路经16个地区，皆为此王之辖区，令每日由10名骑士护送，并负责坐骑、饮食等一切生活用具。一路上宣扬此乃摩诃支那国之皇弟，亲自至天竺取经。铁门即汉语音，义为铁门矣。途经险道极为狭窄，左右悬崖高达千余庹，两崖间宽500步，有两扇巨门，其中一扇依阶梯高耸于地，另一扇倒于地上。二门皆为铁板所蒙，门楣上悬挂铸铃，据说汉朝时所造矣，此即汉之西陲地界。此处，除此道外别无通路。过此道后，至另一地，即吐火罗国所辖地区。经过1000里许路程后，到达据说是南突厥可汗辖地。如此一直行走不止。在长达 14 年间，走遍天竺边区及腹心各地。

其国地形如扇形，故被称之为印度。四周环绕以九万里长。头人多，据说一般对佛教很信服，凡是对佛像、佛经和佛塔，总是以真实情感十分珍惜。于蔓青和妙贤二商人旧居遗迹附近，（玄奘法师）朝拜佛陀发、爪塔。宗拉（似指毗布罗山）西，波刹河畔，众僧侣自十二月十五日起进入夏住，据说此因春季炎热多雨故。在跋耶那一地朝圣佛牙、舍利、劫初一独觉牙十指长。所谓金轮王牙六指长，奢搦迦之钵盂、重复衣九小幅。据说该地僧伽皆为说出世有部。于迦毗湿地区说分别部一场所，朝圣一尊银佛高 28 肘。在此附近，佛前生为菩萨时佛牙 2 指长和佛发 1 肘有余，右旋型长卷发。于那揭罗曷国朝拜，阿育王所建石窣堵波长 60 庹，未烧毁之伞形佛盖骨周长 24 指，犹如柿子一般大小，洁净而光彩夺目；美妙透明之佛眼；佛之褐黄色法衣，红旃檀柄铁环锡杖等殊胜圣物 5 件。于犍陀罗国，朝拜薄加梵钵盂；于邬圈衍那国，佛寺颇多，估计有僧 1 万，据说均修大乘佛教。于信度河旁，行走于一险道，极为狭窄，架有铁桥，一木台一直延伸到 1000 里。接着朝拜阿难弟子日中阿罗汉所建由蛇心旃檀雕塑之高二十庹弥勒佛像。于迦湿弥罗即罽宾国朝圣一院落，内有小乘僧 5000 人，佛牙一寸长，洁白如雪。此地有一论师，名叫僧称，玄奘依止彼听受各种明处。玄奘依毗庶地悉达修习以大乘佛教为主要内容的几种经籍，依止阇耶温都即胜善知识、说一切有部派苏揭多弥多罗、跋苏温都（非无著弟矣）、大众部派叔罗耶洼、阇那罗差等诸论师听受多种佛经。于磔迦国，于一林间，见一婆罗门论师，此人声称是龙树菩萨亲传弟子，虽年过 700 余岁，但无老弱相，精通五明，尤精《中论》。玄奘法师依止彼修持《中论》一个月；于那仆底国，依止调伏光论师修习对法藏及因明；于那迦罗寺，依止月胄论师；于禄勒那国依止阇那毱多和说一切有部德光论师亲传弟子密多斯那听受毗奈耶律藏等经。于却比他国，庙里举行火供之外道者聚居地附近，朝圣天降塔遗址、贤劫第四导师（即佛祖释迦牟尼——译者注）脚印石、阿育王所建高14庹之石柱，其石面透明如镜，可显善与非善之各种影像。于恒河河畔迦阇古沙国朝拜佛床基石和如来发、爪、牙、舍利塔，顶礼佛寺1000余处。于此处随佛众、日铠、毗忽塞那诸论师修习各种妙法。此地僧侣不食血肉之食。大法王尸罗阿迭多，即戒日王（又译性日王）亦居于此处。昔日有一王，名为羯罗拿苏伐刺那。其人破坏佛教，诛杀僧侣300人。有的被迫还俗，连根拔除菩提树，无恶不作。此王（即戒日王——译者注）不忍，率四兵（即马兵、车兵、象兵、步兵——译者注）至菩提树遗迹前祷祝，须臾生苗。王对胜仗已有把握，于是与彼交战，歼灭羯罗拿苏伐刺那王及眷属等，成为印度之王。据说，一次玄奘法师乘船渡恒河时，不慎被外道恶人盗贼所获，正想处死时，突然狂风四起，天昏地暗，众惧而放之。于憍赏弥国，朝谒居住此国之外道王大增所说世尊旃檀像之替像，即一尊蛇心旃檀佛像。于舍卫城祇陀林，据说只有几棵树，高14庹之一石柱。于阿育王所建之一石屋内有如来石像，显示世尊与母讲法之情形。其东侧见天授活活堕入奈洛迦之遗迹，即一极深低洼地，降雨愈多亦未能充满其洼地。又其东侧距700里处，即于迦毗罗城四周15里许，有废墟城10余处，破旧庙宇多处，其殿堂中央除一入住母胎窣堵波场所外别无圣景。其东距此100里地，至蓝毗尼园遗迹，其地仍有神殿。又其东侧7里，有孤沙城遗迹废墟，直到西北界4里处。此处30里地，环绕以大娑罗树（即芸香树——译者注）林，四周低凹，中央凸起。此处一砖木结构神殿内，有卧佛塑像，旁有一窣堵波，其塔柱上镌刻二月十五日圆寂字样，又有说九月八日圆寂，有两种说法。城北方一江彼岸，周围二里地，为法体火化区。其地最初为台地，现已成为大凹地，其深度6庹有余。原因是此地尘土能治百病，取土之人从未间断。玄奘向此地及一些窣堵波顶礼膜拜。距此700里远西南边界，于恒河河畔波罗奈斯城。有外道神殿100余处，其势力很雄厚。据说有正量部声闻乘近3000名（《羯磨经尊胜金色》所载独觉乘，似指此部派。）复次，由东北界渡过瓦罗那河，经10里地，至仙落兽林，此处有宫阙、楼阁、庭院等。于华丽大寺内，有2000名僧侣如上。晋谒主圣为法轮佛像，缘觉乘窣堵波500座。渡江后，于江东千里处，即毗舍里（广严城——译者注）城遗迹。方圆千里，住房极少，仅有窣堵波7处以为圣地之相，玄奘皆朝拜矣。距此2000余里，乃尼婆罗国（即今尼泊尔国——译者注）。此处人人皆信佛教，大小乘均混为一体。城正左方为一湖，其名为金湖。据说因金光照于湖面，湖水极烫，不可取矣。

毗舍厘以南，渡过恒河，即至腹心地区摩羯陀国。阿育王时期，由旧正城至具莲城间生（不知生何物——译者注）矣。至今仍存之。由此至西南，距400里处渡过尼连禅河，河彼岸乃伽耶城。由此6里处，揭耶头山区方圆40里。山顶有石窣堵波，高10庹。于其西南隅一处为金刚座。其周围百步处，有一佛寺，其名曰摩诃菩提。寺前有一菩提树，高10庹，四周为500庹长之砖墙所环绕，与后门殿宇相接。彼等认为十二月末日，即年终日，是中国正月十五日，并将此月称之为幻化月。摩诃菩提寺，包括6个僧院，纵向房屋三层楼，外院城墙高8庹，僧侣1000余人，虽属上座部，但行大乘。朝拜犹如指节之佛舍利骨及犹如珍珠之舍利佛肉。据传于幻化月，在此朝圣者，亲见光辉照射及天降花雨等吉兆，此乃真实矣。

由此向东100余里，即鸡足山，山顶有舍利藏窣堵波，诸贤善时期，由塔顶照射光芒。此山遍满茂密森林，是野兽出没之地，据说隔断旅行已多年。（玄奘）法师请求国王准许朝圣。王允，并遣带三兵（箭、刀和矛三种兵器的总称——译者注）和戟者护兵300人。有信徒万余人跟随而行。此山道极难爬行，登至3000余步未能再上爬行，只好于此处供养叩拜。

自此160里，至王舍城遗址，城墙周长150里。其内城堡周长30余里，内有诸多圣境灵物。自此往东北，是灵鹫山，此山较邻近诸山高。拜谒石阶宽10步，高6里。何为王舍城，其缘由是：此王内城距民房近，曾有几次民房失火，是由王宫中的火势蔓延所致。复次，王当众宣布法令道："警防火矣！如再失火，罚彼全家迁至尸林。"事隔未久，王宫失火。王云："朕自定法律不可自毁。"于是将住房移至寒林，于寒林筑房舍几处居之，由此形成王舍城之名。随之，王发现此处极易被人劫掠。频婆娑罗王听到强盗密谋抢劫王宫之事后，筑城墙和民房多处。据说虽此寒林变成城堡，但未改名也。王舍城北门附近竹林遗迹，只留下一间砖房。由此往西南 6 里处，是大迦叶结集《论藏》和阿难陀结集《经藏》时所居石房。又往西 20 里许，为大众部结集《律藏》之圣地，玄奘对此一一朝拜。

由王舍城往北 40 里，近旁是师利那烂陀寺，尽管对此寺有多种解说，但其中心义乃"施无厌"矣。该寺由天竺腹心及边陲四国计天竺五国通力合作，共同修建之。各国每日向众僧及所有孤独者提供饮食，每年供应衣物及鞋等从未间断，亦从未偏袒。据称于瞻部洲再无较此规模更大，造型更美之伽蓝。门楼共 4 层，高 14 庹，院墙厚 6 肘，高 10 庹，四周有水环绕，花园极幽雅。全寺划分僧院为五，共计僧侣 4000 余人。于如来说法法台遗迹，建立两层伽蓝 6 所。内外布局及顶帐，坐垫等均圆满无缺，主圣是如来金身像，高近 20 庹，为戒日王兄满胄王所建。据说还有许多具足灵验之佛像、佛经、佛塔等。据说彼时，凡是由僧、俗和村邑三者中一一擢升之班智达 3～10 名，一律有其地位品级。据说彼时有地位之班智达计 300 余人。因玄奘法师于彼声誉极高，加之帝所遣之，故有僧侣 300 人列队迎接法师，俗人千余人亦前来迎之。现任住持戒贤（又称戒天，实为戒军矣），106 岁，精通一切明处，世称法库；持唯识论见，成为王臣及众僧俗人等之所依处。玄奘法师接见戒贤时，问师从何处来，尊姓大名等，随之泪流满面。师问何故落泪？戒贤弟子名为胜贤论师，坐于戒贤一侧，彼云："上师回忆昔日舍那王毁灭佛法时，上师沮丧万分，欲自尽，梦见一金色士人自称为文殊师利者安慰道：不可如此行事！与汝同一愿望之某某圣人将由中国至此，彼将共同妙法及汝之宗派优先传入东方。"戒日王虽知玄奘拜谒戒贤，但恐佛法受难而未曾前来，依凡是外国游僧，通达三藏者，其 20 日内食宿等一律由官方供养，每日供应佳肴 20 盘；通达二藏者，10 盘；通达一藏者，5 盘之规定，每日向玄奘法师供奉 20 盘佳肴、大米 1 升、橘子 1 升、槟榔和小豆蔻 20 块、冰片 1 两、奶、熔酥、蜂蜜等仅仅够用；打扫垃圾之。仆人 1 名、婆罗门 1 名、出门坐骑大象一头。由十名保镖干日常生活之杂务。（玄奘法师）依止戒贤论师听受有关《慈氏五部经》等达 1 年零 3 个月，又详细听受和修习因明及《俱舍论》9 个月。接着又听受 3 年，昼夜不分，虔心学佛。此后戒贤曰："余所知一切佛法皆授予汝，现余年迈体弱，打算独自修持。令汝投靠他师继续修持。"

玄奘遂离开那烂陀寺，随同 9 名仆人向东经 5 个戍陀罗种[40]村邑行 4000 里，至三摩呾吒国。再往西南行 2000 里，至多羌罗那，拜如来座位遗迹和脚印，青璧所雕高 8 肘之四导师像[41]，天授僧寺三处，其僧不食荤、奶及溶酥。往西南行 700 里处至乌荼国，其东海滨是僧伽罗国。僧伽罗国一佛陀舍利窣堵波顶端之宝石，于夜晚照射光辉犹如火炬，远远可目睹矣。由此往西南行 5000 里至吉利喀那罗国，其城墙正面往南 300 里处，乃吉祥山。此山有龙树菩萨寺，即正重阁 9 层，内有石佛 1 尊，金光灿烂，非同一般，据说涂以点金剂；各类经籍无所不有，据说自龙树菩萨起即无怨敌。玄奘法师于此地，居大众部论师善财及莲亲二上师处，彼此学习几个月。由此往南 7000 里，至摩鲁掏差国，据说此国乃瞻部洲之南端。有山名曰摩赖耶，山顶有观世音菩萨神殿伽蓝，极为壮观。于伽蓝一侧可望见一泉水，环山绕流 20 圈后最终流入南海。随之，沿西北岸行 4000 里，至摩诃刺侘国。其国有伽蓝百余所、大小二乘僧侣 5000 余人。一座巨大的神殿内有石佛高达 16 庹，石佛头上被 7 层石伞所遮盖。石伞每层间隔三肘，空悬于上，未与任何物体相接触，据说为一阿罗汉以神力所建。凡是见到此悬空石伞者，都无不为之惊奇（很可能是磁石之效能使之抬起）。

于跋波多罗国，班智达人数较多，玄奘于此处，依般若跋陀罗等几名善知识听受各种佛法。复次，返回那烂陀寺。据说戒贤已至山间修习，玄奘便依止胜军学佛 2 年。胜军乃精通一切明处、其功德无量、王臣及众僧俗之应供处。玄奘一夜做梦："寺院失火，被火烧尽，只剩余灰。一金色人至彼前授记道：十年后戒日王去世，随之发生战乱，佛法将受严重危难。"玄奘将梦境告与胜军。胜军云："将来，必定发生此类事，汝不可久留矣。"当时有一中观论者，名曰班智达能掠光[42]似狮贤，造论典破斥唯识。玄奘法师为报师恩，造反驳论典《会宗论》3000 偈呈送戒贤论师。戒贤大喜。日隐和旃陀罗掬米二论师所主张之二大车（即指中观和唯识——译者注）同一旨趣论点，与此做法十分一致。南印度人般若笈多，不信服大乘，造破斥大乘论典 700 偈。戒日王闻讯后，寄华翰与那烂陀寺，令该寺遣三四名能折服彼之智者。经商讨，预遣慧广、慧光、狮子光和本论师（即玄奘法师——译者注）4 人。此情还未来得及上报时，有一外道以已头为靶，造《违论四十提问》前来辩论。玄奘法师当众折服此外道。玄奘以大乘见地造《折服邪见论》60 万颂，使一切智者赏心悦目。东方鸠摩罗王听闻此讯后，遣勤勉论师延请玄奘法师至彼处。王问何为佛陀功德？玄奘造《三身赞》300 颂呈献于王。王大悦，将文顶于额头。戒日王极愿见奘，因往昔未能召彼，恐彼此次不来，于是寄信与鸠摩罗王。此华翰名曰《大乘天见》。彼时，玄奘弘法于天竺，以摩诃衍那提婆著称于世，即被称为大乘天。戒日王闻悉鸠摩罗王派遣专人护送玄奘法师已至时，以厚礼恭敬，欲请玄奘法师宣讲诸论典，宣布：凡是智者，无论佛家或外道，愿听者均可参加。有智者数千人，含旁观者在内近万人，喧嚣不已；以鸠摩罗王为首之他国十七王亦应邀赴会。戒日王令将抄写之诸多论典散发与众，宣布诸愿争辩者可随意反驳。如是，等待半月之久，却仍无反驳者。王生敬信，顶礼不已。玄奘法师虽未至天竺东北几地，但心怀梦境及胜军嘱彼不可久留之语，再三强调返回故乡之理由，请求回国。王应允，赐各种三依（即身依佛像，语依佛经和意依佛塔——译者注）三分之二（大象）驮、僧衣 1 套、大象 1 头、金币 1 万、银币 3 万、噶锡噶布 100 匹。其他国王

亦各赐丰厚礼物。以南印度达流跋陀罗王为首之十八王，包括戒日王、鸠摩罗王于内，设盛大饯行法筵欢送玄奘法师回国。赞玄奘不以乡俗财富为主，而以功德为主；不以经教为主，而以道理为主；不收所见之人为徒；不随意依止上师。玄奘渐次游行东印度各国，朝圣一伽叶佛时灭尽定者和另一入定已过七百年、每年剪发爪之灭尽定者等许多神奇者。

玄奘到贵州时，大象死去。（唐）太宗闻讯后即令支派徭役，据说大象所驮之物运载量为 14 车。当时太宗皇帝威名天下，中印两国国泰民安。玄奘法师自最初出国时起，吐谷浑王给以物资条件，使诸事一帆风顺。尤其是由于法师完全具备了坚强之决心和真诚之誓愿，包含往返路途 3 年在内，于 17 年之漫长岁月里，历经艰辛，翻山越岭，但却未曾有过任何劳累难忍之感。据说先后至印度学经之法师虽很多，但于天竺不仅享有论师之盛名，而且成为天竺诸王之应供处者，唯独此法师也。

贞观十九年幻化月（即正月——译者注），玄奘法师抵达长安大城。上令以京城留守兼左仆射梁国公房玄龄为首之数大臣及各寺和宫城内的僧俗大众，一律前来列队欢迎。当时于佛经上显现五彩祥云，众人惊叹不已，心生敬信。

二月辛亥日，晋谒皇帝，畅所欲言。法师原本迎请佛经 657 卷，因于途中渡一大江时，大浪使舟振动，将中国未曾有过之花卉、水果及香料籽种一箱倾覆于水，150 卷经书亦落水矣。昔日亦多次出现此种情形，据说此乃土地神之吝啬所致。至于舍弃勤奋聚财之事暂且不谈，仅就圆满充实达摩而言，就有一切贝叶梵文佛经，骨肉舍利 150 颗，龙宫内坐鎏金铜佛一尊，宝座靠背，一应俱全，高三肘三寸；世尊转四谛法轮旃檀像伏魔登地定手印一尊，宝座靠背，一应俱全，高三肘五寸；憍闪毗王念佛心切，悲痛万分，遂造此蛇心旃檀佛，替代世尊，宝座靠背，一应俱全，佛高二肘九寸；天降型银佛像一尊，宝座靠背，一应俱全，高四肘。于灵鹫山说般若之佛像，又称两手结讲法与妙法眷众之手印，即手印法轮金佛像一尊，宝座靠背俱全，高三肘五寸；降龙旃檀佛像一尊，宝座靠背俱全，高一肘三寸；迦湿迦布数匹和金银币数枚等等各类新式物品共计 20 驮，由 20 匹马运抵后奉献于帝。帝亦赐玄奘以丰厚礼物，令彼驻锡弘福寺。该寺灵隽和文备二和尚、罗汉寺惠贵、释吉寺（音译）明琰、宝唐寺（音译）法祥等 12 名善知识襄助译事。帝提供所需一切条件，令梁国公任主管，助玄奘翻译所有《般若经》和以"慈氏五部"为主之《大藏经》梵文原本 657 函。当翻译《般若十万颂》时，诸助伴皆云：此次译经依鸠摩罗什持明者之规，已达到辞义全而错辞少，善哉！上师亦有同感。此夜，众师徒都作同一梦境：即护法神恐吓众师徒，药刹及野兽追赶不止，恐怖场面令人毛骨悚然。翌日，师徒重新探讨后，圆满修正所有不妥之辞。帝亲笔撰写译跋，皇恩浩荡。修正旧译经书 678 卷。帝令修葺和扩大慈恩寺，专遣太常卿兼江夏王、皇亲李道宗，并由手执宫廷乐器、幡、伞等 800 种法器之庞大僧队，将玄奘法师、佛经和其他法宝等迎请至永久驻锡寺。弘福寺收出家新僧 50 人。凡是天下一切大佛寺，每寺须收出家新僧 5 人。当时共有佛寺 3716 所，新收僧尼 18630 人。

太宗晏驾后，高宗即位，令建一寺，名曰西明寺。其寺布局齐备，幽雅壮观，内有十个院落。该寺有比丘 50 人，帝允每人可收 1 名沙弥和中介者 3 人，由朝廷提供生活费用。帝赐此寺与玄奘法师。玄奘暂时担任三寺（慈恩、弘福、西明三寺——译者注）住持。随之，玄奘创建菩提道三次第及其五种修习法，所造论典有《般若疏心识论》《广行摄义八品》《楞伽经》《解深密疏》等几部经藏注释，《摄颂与注疏》《俱舍论疏》《因明摄义》等等，所造论典颇多。彼使共同佛法和不共大乘佛法，尤其是唯识论得以盛传。玄奘法师于慈恩寺南部建造印度式窣堵波一座，塔基宽 28 庹，塔身高亦 28 庹；共 5 层，上有塔伞和塔顶遮雨盘；转塔室及塔周围城墙大小适度；由天竺迎请之佛经和舍利作为陀罗尼总持置于塔内。复次，以各种原料造佛像 1000 万尊，弥勒佛像卷轴画 1000 张；《金刚经》《药师佛经》《六门陀罗尼》各造 1000，赎回将判死刑之人命 1 万条；给应供处及应施处 1万人设法筵；供奉油灯 1 亿支。近 40 年，利益有情，数不胜数。于 65 岁，瑞虹祥云，吉利花雨，示祥瑞相，涅槃圆寂。据说圆寂后，依然入定 7 日。一般西藏诸译师未曾详见其《游记》，难以轻信寻觅黄金和麝香者之谎言。关于玄奘法师朝圣之少许内容，余由彼之《略传》二卷及《广传》十卷中摘录些许后，作为附录已记载于此。复次，依上述《圣地庄严十品》和彼所造《大唐西域记》十卷观察，极似彼曾至圣地矣。

此法师（即玄奘法师——译者注）乃广行宗之大车，其传承情形是：最初佛祖释迦牟尼开始，弥勒菩萨、无著论师及其弟世亲、竺法护、难陀论师、戒贤、唐三藏，即世称唐朝三藏之玄奘法师。自窥基法师后深观派论师智俨、贤首等人继承此宗，遂成为观行结合之宗派。

善译师义净，37 岁时与几名藏僧结伴而行至天竺，于彼 25 年间，边巡礼圣地，边修习佛法，61 岁回国。返回时，迎请梵文佛经 400 卷，金刚座响铜佛像 1 尊，舍利 300 颗。当时正值（唐朝）女皇武则天称帝时期，义净将以上物品奉献与彼。女皇亦赐以厚礼，令义净襄助天竺论师实叉难陀、罽宾班智达阿弥阇那、法宝和尚以及数大臣译经，译出《华严经》《弥勒一字咒》几部说一切有部《毗奈耶经》《有关龙树之告诫》《大孔雀经》《金刚犍陀罗总持》等等，卷数颇多。后于译经中，获得吐火罗论师昙摩那、摩揭陀论师室利波努、罽宾论师达摩难陀、东印度班智达尹沙罗居士和大亲教师瞿昙跋折罗，以及修文馆大学士李峤等人之襄助。所造论典亦极多。79 岁逝世。

又，曾有汉僧 60 人先后至印度。彼等虽信心满怀，但因福薄命浅，而未竟之志，有负重托。此情被印度边陲室利佉胡王闻知，彼想昔日大食王曲尼摩跋率军侵占天竺，役使天竺人民时，波罗奈斯王佛陀向专遣经部论师数人和使者至中国，报彼国情与中国皇帝。帝赠巨额黄金与彼，以为资助，致使暂且击退大食，收回不少失地。自此后中印两国和睦友好。于是（室利佉胡王）于近领东界，为彼等建立如同堕落野兽仙人寺一般，破戒之人居住之房舍（此地距四川五百由旬）。待具备条件后，又开辟24个民户之村落。据说义净上师至此时，仅剩三分之一。

唐明皇时，南印度摩赖耶国跋日罗菩提论师（或译为金刚智——译者注），和其弟子阿目佉跋折罗两人至汉区。两人通达一般明处，尤精于密宗。由上述义室罗和万贵和尚为其助手，尽力翻译《瑜伽怛特罗十八部十万偈》。二论师向以智广及慧广二禅师为首之有缘者数人传授灌顶，讲授怛特罗和教授口诀，点燃了甚深金刚乘之炬；作降雨息水及除病去邪之类法术，成为帝之应供上师，医治众生为数甚多。金刚智于71岁逝世。阿目佉跋折罗向帝（即唐玄宗李隆基——译者注）传授金刚界大坛城灌顶，帝授封彼为太真鸿胪大夫兼释鸿胪卿，并封大广智三藏即三藏智库之名号，赐多种锦缎之幡32面。一次，天上出煞星，预示凶兆。（唐）肃宗李亨之太子（与吐蕃赤松德赞同一时期）令彼诵经禳灾。彼至五台山，设法界语灌顶之修习坛城。经过修持及护摩[43]后，煞星遂消失。又有一次，吐蕃军进攻凉州等地，连胜几仗。帝令彼祈祷退军。彼遂遣使毗沙门于吐蕃军中，使吐蕃军自动溃散。帝赐彼金丝缎袈裟，加封开府仪同三司兼肃国公，赐三千户为彼庶民。因翻译以密宗为主之经籍77卷，上奖赏各种锦缎800匹与彼，与诸译师每人奖赏锦缎30匹。彼于70岁，六月十五日，向彼弟子慧朗（慧光）传授代理金刚阿阇梨之灌顶，并将己之铃杵和菩提子佛珠一串、水晶佛珠一串均置于银盘内，让其弟子奉献与皇帝，以香水沐浴后逝世。据说法体火化，所生舍利80颗，均入灵塔，以为陀罗尼。

又一论师名为释班迦罗森哈，是释迦甘露饭种姓，彼用骆驼驮来《怛特罗金刚杵》《善肩所问经》《后三摩地》《毗卢遮那现证》等许多佛经至汉区。由宝月和尚作译师，翻译上述经书。北印度班智达智慧、南印度人阇那跋陀罗、罽宾班智达佛陀多罗多即佛护、东印度提婆阇那、吐火罗扇地弥多罗、西印度人波迦跋昙、摩揭托国阿底古扎和释迦耶舍及波罗弥德、乌陀罗阿那国云山论师和释差南提、中印度人日光等等，大致同期至汉区。彼等翻译许多昔日未曾译完之梵文经籍，新译佛经亦颇多。

佛陀波利论师，即佛护，藏人称之为当巴加噶尔（藏文音译，意为印度圣人——译者注），据说为龙树菩萨亲传弟子，获得无死寿之持明，唐高宗时至汉区巡礼五台山。刚至五台山，于树林间见一著婆罗门衣之老翁。彼以梵文问询佛护为何至此诸事，佛护如实一一作答。彼又问：携来《顶髻尊胜佛母陀罗尼经》否？答：未曾携来。彼云：此处急需此陀罗尼，如不迎请，虽亲见文殊师利，但义小矣。佛护问道：贤者何人也，是至尊（指文殊师利佛——译者注）否？答曰：也许是。遂低头长跪，刚一抬首，无任何人矣。于是调转方向由此踏上了返回之征途。过3年后，即乾封三年迎请陀罗尼再次至汉区。向帝禀报其缘由。彼托付诸译臣将此经译成汉文后，译文务必存入《大藏经》中。又取回原文，委托西明寺善巧译师顺憬再译一遍。彼携梵文原本至五台山，自此常居金刚窟而不出门。《顶髻尊胜佛母陀罗尼经疏》是否由佛陀波利造，待考之。

南印度婆罗门种姓、名为般若流支者，是一天竺论师。彼于（唐）高宗时至汉区，直至（唐）明皇时期。由不动慧、智胜二和尚及数译臣作彼译师，通译《大云经》《华严经》《宝积经》等经，译出几部《怛特罗经部》。（唐）明皇封彼以释鸿胪卿和一切遍知等名号，156岁逝世。

一和尚名为耽曾（音译），乃富家子弟也，幼时不少相士和算命士均授记彼之寿命不长。彼愿出家为僧，虽多次请求父母，但未应允。15岁时，为传宗接代，父母为彼迎娶媳妇。此时，彼离家出逃，父母均未知。因年幼，加之受宠过极，心想既不熟悉路途，又恐不易寻见收己为弟子者，于是专心致志地祷祝大悲观世音菩萨，一直西行。日落时至一荒地，不知如何是好。忽见一人，赶牛两头，遂问如何行路？此人云西方不远处有一庙宇。彼依其人所云继续西行，果见有一小寺，寺内有一长老及十余僧。彼将缘由禀与长老。随之，敲响犍秩，众僧身着法衣聚集于殿，彼于众僧跟前剃发，

71

尊者授彼以沙弥戒，给彼起法号。老尊者对彼云：明晨早早离去，应往他处学经。翌日天一亮，就开始出去漫游。走出大门后，回首一望，空空也，但头发已被剃光。于是，热泪盈眶，高呼大慈大悲，并多次顶礼膜拜于大悲遂离去。后来，成为一名广为利益佛法众生之善巧知识，69岁圆寂。

一和尚，名为智光，彼虽贤正善（贤即才识精湛，正指德行谨严，善乃心地善良——译者注）三俱全，但对大乘极不信服，常以言语诋毁。有一次，其舌肿胀，不容于口内，请医师医治时，彼托一熟人询问医师其生病缘由，医师言诋毁大乘之故矣。彼极力忏悔后，舌肿自消。但据说彼仍不修炼大乘教。一日于林中正坐禅时，前来三名非等闲士人请彼讲授五戒学处，待仪轨结束后，彼问道：诸贤者是人否？彼等答道：是天神类之魑魅也。又问：知他人之前后世否？答：也许知矣。问：余之来世知否？答曰：知也，但未敢言矣。彼云：无过。答曰：堕入地狱矣。问其缘由，答曰：因彼虽信服大乘教，但不仅不予修习体验大乘，反将许多大乘种姓引向小乘之故矣。彼极为悔恨，忏悔不已，将《华严经》《般若二万》《法华经》《维摩诘所说经》等经各誊写108遍后施放与人。随之梦中又见三士夫，彼等云：汝罪已清净，吾等前来报喜矣。彼后来功业彪炳，有弟子门徒7000余人，80岁圆寂。

大戒师智先和尚，严守戒律，任安国寺住持时，偶尔进来一游方丐僧，其面部粗黑，满身疮疖，蛆所溃烂。此人举止十分鲁莽，诸男仆对彼很反感，但上师促使彼等尽心服待此游僧，一月间对彼恭敬和侍奉不止。彼心喜悦，临行时，引上师于暗处云："几年之后，上师可能遭一磨难。如遇此难，汝可至四川境内如此这般之山坡上，有一小寺院，大门两侧各有松树一棵，可入内寻余矣。除余别无他力助汝矣。"上师将语铭记于心。复次，唐睿宗御驾亲临安国寺，重赏智先，赐彼以宝石镶嵌之黑沉香宝座。彼想：沙门不可享用如此高贵之座，但王命难违，只好违心地享用几次。不久，彼右膝盖骨上生一碗口大之痈疽，其形如人面，双眼、眉睫、鼻、嘴俱全。其痈嘴已开通，能进食、用餐，此乃人面痈矣。据说上师自生此痈以来全身剧烈疼痛，无法忍受。彼想起往昔之事，遂将剩余资具皆施于他人，只携钵盂和法衣于身上，拄杖逃离。以化缘为生，远行不止。行至四川境内，其山及寺皆与游方僧所述一概相符。彼敲寺门后，见一僧开门，细瞧时此乃往昔之游方僧也。此僧已变得一见生喜，容光焕发。彼将上师引入内室，畅叙别情。随之，彼执一拂子，将上师领至寺背面一泉水旁，让上师冲洗痈疽。彼边扇拂子，边讲道："善巧知识（指智先——译者注）汝曾回想否，往昔汉朝景帝时，汝乃内大臣袁盎矣。痈疽，汝是当年谋士晁错矣。汝曾回想否，袁盎，汝曾用离间计杀害晁错。可曾回想否，晁错，汝为己报仇雪恨，一直跟随袁盎十世，但仍未如愿以偿。可曾回想否，袁盎，后来汝因痛改前非，出家为僧，世世代代，严守戒律，如护眼珠，成为圣僧，故使晁错无机可乘。唯独那次帝赐大宝座与汝时，汝因未能纯净意愿，心生疑虑而仍享用高床，致使梵行受损，酿成晁错乘虚而入，变成汝膝盖之人面痈。晁错，汝若随心所欲，汝定受此惩罚矣。现余为汝二人作调解矣，汝应放弃袁盎矣。"话音刚落，上师膝盖上的人面痈，如摘面具一般无踪影。据说如是，每当游僧说一句，痈疽应一句，可谓惊奇不已。智先道：此游方僧人恩重如山。此情与伯赫尔王[44]持律师扎巴坚参毫无办法的故事情节相同。随之上师返回本寺后，造《忏悔不断如流水仪轨》，此经当今亦盛传矣。

鉴真戒师，通达佛法，尤精于毗奈耶律藏。其声誉闻名遐迩，于遥远之东方大海岛内，有一名为日本之国家，其王派遣专使迎请此戒师。因曾有历史记载道，南岳大师（即智者大师之上师慧思——译者注）转生为日本国国王后，彼广泛传播和弘扬佛法，用该国缎子制造三法衣（即僧服，分祖衣、七衣和五衣三种——译者注）1000套，布施给支那国。鉴真带比丘沙弥助伴14人至日本，为该国国王、王后、太子、大臣等传授菩萨戒、斋戒及男女居士戒等各种戒律。招收原有持戒比丘10人，由彼任亲教师，有400人受近圆戒，受沙弥戒者颇多。彼于日本建一大佛寺，77岁于定

73

中圆寂。据说其肤色毫无褪变，后人常用金粉涂饰其身，以为供养。

　　一行和尚,乃金刚智亲传弟子也,世称大慧禅师。该和尚通达一切明处,德行又高妙。彼曾助金刚智和阿目佉(即不空金刚——译者注)翻译和撰写经籍论典颇多。据说彼已获不忘陀罗尼。明皇(即唐玄宗李隆基——译者注)试探彼后,心生敬信而顶礼与彼。一次,彼幼时出家前以奶抚养彼之老妈子,来见彼求助一事,即老妈子之子因杀人,行将为律法制裁,老妈子请求无论如何助彼一力,免受惩罚。上师云:"王法如山,乃教政之核心也。连皇上都无权抗衡,况且吾一沙门。吾若插口,教、政二者均违矣。"未予受理,并送彼各种物件,嘱彼另想计策。彼大怒,叫苦连天,恶语伤人,而未收任何东西。上师云:"暂且将心放宽些,余可为彼祷祝。"复次,上师闭门修持,建一曼荼罗坛城,托一缘觉作彼供养助手。上师嘱托缘觉道:"汝居于某某空屋内,不得出声,夜里无论出现何种动物均需捉住后送来,不得逃逸。"彼依上师嘱托将屋内出现之七头小猪均献与上师。翌日,诸历算大臣纷纷前来启奏皇帝道:"北斗七星均隐去,不知去向矣。"帝命众臣自行探讨。但未能断定何因,遂问上师。师云:若放"骰子"(原注:畏兀尔藏文书中,有如此记载,放"骰子"义为释放罪犯)便生效矣。遂放罪犯一人,上师亦放走一头小猪,当日夜空中现一颗北斗星。众皆信服,再放数人,上师亦放如数小猪,夜间亦现如数北斗星。待狱中所有罪犯获释时,上师亦放走所有小猪,北斗七星亦全现于夜空中。那杀人罪犯附带亦获释。有一次,上师观测到历书运算有误,遂依星辰之运行规律,准确无误地计算修改后,将历书呈献于帝。帝亦令其流风盛行。当时有人向帝禀报道:汉朝时有一善巧历算者,其名曰罗下海(音译),彼修正当时之历算错误后授记道:"季节之安立,未曾有过永恒不变,除短暂外不敢确定更长远之年。八百年只差一天后,将由一圣人澄清之。"依此推算,的确如此。不分贵贱,都很惊奇。自此之后,都称一行为圣师。但彼除对细微之事外,不轻易授记。又有一次,帝问彼道:"国政善否?"彼缄口不答。

帝再三问时，彼答道："陛下需行万里长途。"帝犹豫未决，遂问："损失极大否？"答曰："陛下将成为一位等同于陛下之大王所顶礼处。"帝恐早亡，遂问其寿数如何？回答曰"长矣。"问："如何死去？"答："平安逝世。"随之，上师摘下自己颈上一金箧，奉献与帝，并嘱咐道："非极为悲伤之时，此箧不可打开。"后来，由于胡人安禄山叛乱，京师失陷。（唐）明皇逃至四川时，见一石桥，其名曰万里口，即万里也，第一授记果然应验矣。此时帝极为悲伤，于是打开箧子一瞧，是一块中药当归。当归乃汉文音，义为回归，故帝心稍安。太子肃宗由于诸事缘故留于京城，众人推举太子即位。太子践祚后，顶礼跪拜其父皇（唐明皇），并加封以太上皇之名号，义即天神之天神，应验了第二个授记。不久，平息了安禄山之叛乱，国泰民安，迎请唐明皇至憩息室。应验了第三个授记。唐明皇享年70余岁，于旧居逝世。中间两个授记亦准确无误。

清凉国师乃支那国摩诃班智达，本名澄观，即无垢观。诞生于唐明皇时期，精通大小五明、禳灾明等。彼之菩提心乃俱生所得。虽未至天竺，但精通梵文如天竺智者，能单独翻译佛经，不依靠任何外力。身高9肘4寸，两臂过膝，40颗白螺般的牙俱全，双目不合等等，具足许多相好。凡是见过彼者，无论高贵或低贱，无不为之倾倒。深观宗划分两派，此派是其中之一，即贤首派。（清凉国师）如第二龙树，如西藏之宗喀巴大师。世称文殊师利之化身。乌荼罗耶那国庶民进贡皇帝之《华严经》，曾有罽宾般若译成汉文，但未译完。（清凉国师）奉旨将剩余部分续译圆满。（清凉国师）依大丞相齐抗之敦请，造《华严纲要》3卷；依李吉甫之敦请，造《正要》1卷；依南康施主韦皋王之敦请，造《法界观玄镜》。复次，依各大臣和诸多善知识之敦请，造《明镜灯》1卷、《菩提道次第五入门》等论典。一般以《华严经疏》为主，对经律论三藏，亦进行作明、集散和阐明密旨等等，所造经典300余卷。尤其是，据传于汉区未曾出现过较彼更精于《华严经》者。彼曾向帝王及其众眷属详传《华严经》两次，并多次当众演说《华严经》，成为代宗、德宗、顺宗、宪宗、穆宗、敬宗、文宗等七代皇帝之上师。因常居五台山，故被封为清凉国师之名号，102岁圆寂。

彼类乃宋朝前期以前，于此处出现之绝大多数印、汉智者及成道者传记86卷中，所挑选之少数功业最为突出者（犹如沧海之宝），凡是利益佛法众生，即使是一些细微之事亦作为补充部分汇集于此。

宋朝时，名为提婆迦罗扇地和驮那罗刹二论师，由天竺至汉区（原注：正值阿底峡尊者来西藏时）彼等翻译《大藏经》颇多，皆以密宗为主，并向少数有缘弟子传授密宗灌顶、传承和口诀。善慧显明大师（音译）和成就大师等汉区诸多智者及成道者，各自为有情降下利乐甘露。苏达室利由天竺至北方汉区大金，即于金国广传佛法之功德。法常大师（音译）以神通反驳道士，成为金国国王应供上师等功业，皆如上。

大元时期，天竺僧毗摩罗师利、阇耶多、西藏萨迦班智达贡噶坚参、有寂顶髻怙主八思巴叔侄等诸多人物和大成就者噶玛拔希[45]、法主襄迥多吉[46]、饶必多吉[47]，即噶玛巴前后三世[48]，宁玛派雍敦多吉白（等等，先后至汉区）。受封为华严菩萨和真教国师归国公才华和尚（音译）名号之二和尚，已成为（元）成帝应供上师；从（元）英宗帝师，即萨迦派高僧听受密宗灌顶、修习密宗之弘教大师，成为英宗应供上师。济教圆民大师（音译）乃（元）顺帝和随后之大明洪武皇帝二帝之应供上师。

明朝时期，天竺迦毗罗国僧师利摩羯罗，乃刹帝利族，释迦种姓也。永乐帝册封班禅释迦耶失[49]为妙觉圆通慈慧普应国显教灌顶弘善西天佛子大国师，并供奉为上师，此即格鲁派色拉寺大慈法王矣。法王扎西白丹是宗喀巴师和法王噶玛巴二者之亲传弟子。永乐帝册封法主得银谢巴[50]为如来大宝法王西天大善自在佛，并将彼供奉为应供处等等。在功德和事业两方面，印、汉、藏贤哲，犹如第二佛一般者虽很多，但还是从上述诸内容起到以少代多之概括作用为好。内容太多了，唯恐读者厌烦，故仅集要义而未勤勉于细节。尽管如此，但密宗于汉地未曾得到发展。出家后专修共同明处之风,汉地亦未曾有过,故于汉区利他之门极为窄小。儒道二教,各自讲面子,一些不知道内涵而冒充行家之人,有时亦作空口辩论。关于维护政权方面,以儒教为主,汉区王臣只强调本土习俗。因彼等势力强大,凡事无论合不合乎佛法教义,须予顾及彼等面子。依彼等之意愿行事已成惯例,甚或红黄锦缎衣物,是帝王将相之应得分子。此贵重物品却非沙门之用品。总之,于诸多事中,汉僧化机少而身份不显著。如是云:文殊所化圣境中原地,最初佛法汉明帝时传;天竺贤哲陆续至此地,翻译佛经弘传释迦法。由此五种宗派[51]广为传,明帝时期所传摩腾[52]律,当今传此律者如晨星。依随僧铠鸠摩罗什者,大小乘教律师今亦多。无上密宗尤其母续部,王法严厉未曾奠基矣。虽有图像却只作供养,少数以隐含意作讲解。《幻化网》及《密集》诸瑜伽,亦作注释及少分父续,瑜伽部下归十八续部,称为佛法门类十万种。由大日如来传金刚手,金刚智至汉区译密宗,传授灌顶传承和口诀。随后不空金刚和智光,次第执掌密教是唐代。宋朝时期施护法贤等,少数天竺贤哲至汉区,虽已承接如命金刚乘,但因国法威严制度紧,灌顶现已失传是实话。剩余三宗乃是广行宗[53]、深观宗[54]、心要宗[55]三矣。最初弥勒无著二兄弟,竺法护及阿难陀戒贤,汉区唐三藏依戒贤师。后来讲说辩论著书有,唯识论之《解深密经疏》《楞伽经》及《慈氏五部经》《大藏经》本疏等流传广。创立见修三次第及五次第,世称慈恩宗。此宗又传一支派名兜率宗。其次自从文殊龙树至,月称清辨般若罗什弥,传至汉僧慧文。据传文得有龙树菩萨之亲传,慧文将法传授与慧思,慧思传至智者大师,世称天台宗。此宗以《华严经》和《般若》《法华经》,为主佛语划分五时期[56],讲说著述《中论》等学说,开创弘扬八教[57]之善规。其中一宗名为贤首宗,清凉国师乃此宗之上师。此即文殊菩萨真身也,善巧通达共许五明论,判分广大道次为五教[58],此即共始终顿圆五教,中士道及共教余四大乘矣。其三心要宗乃非文辞,所能明了此乃一切佛,究竟密意师承七付藏师。七付藏师传与毗婆迦,毗婆迦至狮子诸传承,均

77

依《布敦宗派源流》载。婆舍斯多毗首密多与，般若多与菩提达摩等，一脉相传印度七教统。菩提达摩曾至此汉区，《五部遗教》略载其传记。此论师（即菩提达摩——译者注）和帕当巴二人，当作同一人者颇多矣，此乃以讹传讹之结果。随之慧可传至李祖[59]间，共有五代替换相继承。虽说李祖所传人数多，但承桃者划分五宗门，此即临济曹洞云门和，所谓沩仰法眼五宗矣。各自虽有各种隐含语，但非所谓有部和经部，中观唯识实则同一宗。当今只剩临济曹洞二，其余三宗皆已隐没之。唐廷朝政进入中期时，佛教世人一般称之为，律门教门宗门即三门。难以练达所有愚痴者，如非善解内心收效小，切记谨防善规被错乱。三门虽于外形上如同，智者止贡白增所云即："诸噶举派以修持为主，诸萨迦派以讲说为主，诸噶当派以德行为主。"但非仅限于各派名称，如一补特伽罗或一寺，三门二门俱全者不少。传授接受形式多样化，道途游僧不可有派名。虽云宿地敷具思灭无际界，实则住于一乘之证果。大元薛禅帝[60]敕令委托，八思巴叔侄为首之藏僧，以及支那智者格勒白（庆吉祥），诸等会同无垢吉祥等，天竺论师同心竭尽力，共同校勘汉藏《大藏经》。认同汉藏佛教一致帝大悦，帝云善哉藏僧汉僧善，册封名号赞扬尊崇之。旃檀世尊雕像《大藏经》，舍利佛塔灵光佛殿多。印藏智者与大成就者，传记一般高僧亦颇多，还有讲说政教为主传。出家不习共同明处[61]之规，导致僧人化机少而薄。衣衫菲薄等诸多事中，汉僧身份平庸非明显。嗡嗡之声能举一反三，试看鳌尾能做富贵衣。如此结论推测或许对，公正人士参考有必要。

注释：

[1] 声律：即指声律学，主要讲述诗文的组合规律及梵文偈句之轻重音组合规则，为小五明之一。

[2] 吠陀：梵文（veda）的音译，是印度婆罗门教和印度教的最高经典。

约公元前二千年至前一千年成书，主要内容是对神的祭祀、赞颂和咒词等，流行于印度西北部。

[3] 俳优：义为乐神，欲界天中司伎乐之神。

[4] 寂灭：解脱、涅槃。

[5] 预流果：梵文（Srotāpanna）音译为"须陀洹"，指通过思悟四谛之理而断灭三界见惑达到初修行果位，称从此进入无漏的圣道之流。

[6] 吐火罗：又作睹货罗，原先居住在克什米尔、阿富汗一带的突厥部族，后来发展到天山南麓。此处所指即居于南疆和阗的突厥人。

[7]《大乘经藏中摄急需经藏四十二次第分类》：即《四十二章经》，相传此经为中国第一部汉译佛经。汉明帝时，派使者到西域求法，于月氏国遇沙门迦叶摩腾和竺法兰，后迦叶摩腾将《四十二章经》译成汉文。此经的内容简要阐述早期佛教（小乘）的基本教义，重点是人生无常和爱欲之蔽。

[8] 孙吴王：三国时江南吴国孙姓政权首领。

[9] 四根本：即出家僧人的四根本戒，亦为别解脱戒的四根本学处：不杀生、不盗、不淫、不妄说上人法。如犯此戒，即为败坏戒律根本，故名四根本。

[10] 灭诤七法：《毗奈耶经》所说诤论回净之七法：即八现灭诤、回忆施教、清醒施教、多数灭诤、探索罪体、布草灭诤、承诺灭诤。

[11] 沮渠蒙逊：北凉政权建立者，定都姑臧，取得敦煌，完全控制向西域的通道。此人支持译经事业，为佛教向内地传播，提供了良好的政治条件。

[12] 昙摩迦罗：亦译"昙柯迦罗"（DharmakaIa），意译"法时"。三国魏僧人，原古中印度人，嘉平二年（250 年）至洛阳，译《僧祇戒心》，

在我国首创授戒度僧制度。

[13] 豫章王：即南朝梁豫章王，名萧栋，于公元 551 年执政一年，年号为天正。

[14] 武陵王：即南朝梁武陵王，原名萧纪，于公元 552 年执政一年，年号为天正。

[15] 经教九支：或称九部经，又称九分教。其九支为：契经、应颂、记别、讽诵、自说、因缘、方广、希法、论议。

[16] 四吠陀经：即四明论或四经，梵文音译为四吠陀，是古印度婆罗门所传四种经籍，即"耶柔吠陀"，义为祠祀明论；"阿达婆吠陀"，义为禳灾明论；"黎俱吠陀"，义为赞颂明论；"娑摩吠陀"，义即歌咏明论。

[17] 四众弟子：佛教的四类信众，即比丘、比丘尼、近事男、近事女，也即男女出家僧尼和男女在家居士。

[18] 头陀行：梵文（Dhuta）的音译，义为去掉尘垢烦恼，是佛教苦行之一。共有 12 种修行规定，称为"头陀行"。即著粪扫衣（用被遗弃的破布缝制的僧服）；著三衣（三种用不正色布制的袈裟）；常乞食；不做余食（一天只吃午饭）；一坐食（除午饭外，不吃零食）；节量食（钵中只受一团饭）；住阿兰若（住远离人家的空闲处）；塚间坐（坐坟地）；树下坐；露地坐（坐露天地方）；随地坐（不拘地方坐）：常坐不卧。其中 1、2 项属"衣"；3、4、5、6 项属"食"；余六项属"住"依此规定修行者称之为"修头陀行者"。

[19] 提婆达多：即梵文（Devadatta）之音译，意译"天授"。是阿难之兄，随世尊出家为僧，成为佛弟子。但此人破坏佛教，反对释迦牟尼佛，另立僧团，为佛教史上最早分裂僧团者。此人是释迦佛的叔父斛饭王之子。

[20] 六群比丘：释迦牟尼佛六众恶行弟子，即难陀、邬难陀、阿说迦、补捺婆素迦、阐陀、鄢陀夷。

[21] 朗达玛：吐蕃王朝的末代赞普。该赞普在吐蕃全境实行破坏佛寺、焚烧佛经、强令出家僧人还俗或流放边鄙等毁灭佛法的举措。

[22] 外明：即外境的学问。佛书分一切知识为内心和外境两类，以不属于思想意识活动的知识为外境知识。

[23] 钝根随信行者：随信行是二十僧伽之一。此僧伽虽已证得预流果位，但往往跟随钝根补特伽罗所示现证真谛者。

[24] 三法衣：梵文（Tricivara）的意译，音译为"支伐罗"。佛教比丘穿的三种法衣，即祖衣、七衣、五衣。

[25] 教证：指教证二法。教法，即十二部契经；证法，即戒、定、慧三学。

[26] 周宇文帝：北朝北周宇文氏诸帝。

[27] 补特伽罗：梵文（PudgaIa）的音译，意译"人""数取趣"，佛教术语。佛经上记载说依附五蕴命名为人、为士大夫，为有情众生。其身心中所有功德过失，时增时减、数数聚散，故名。也是我的另称，是生死轮回的主体。

[28] 近住戒：或称斋戒，佛教术语。指在家佛教徒在定期一昼夜中受持的一种别解脱戒。

[29] 羯磨集：羯磨，为梵文（Karma）的音译，意译为"业"或"办事"。佛教术语。指僧团按照戒律的规定，处理僧侣个人或僧团事务的各种活动。羯磨集，是指汇集各本尊所有息灾、增福、怀柔、制伏等羯摩仪轨于一处。

[30] 觉囊派贡噶宁保：觉囊派，是藏传佛教派别之一。北宋时域摩弥觉多吉创"他空见"，其五传弟子突结尊追在日喀则西建觉囊寺，弘传"他空见"教法。此教派世称觉囊派。贡噶宁保，又名多罗那达（1575—1634），是觉囊派高僧，生于卫藏交界的喀热琼尊地方。明万历三十六年（1608年）著《印度佛教史》，此著在国内外评价很高，是一部研究佛教史不可缺少的学术专著。

[31]应供处：或称供施处。举行布施、供奉、祭祀等活动的对象,如僧众、佛寺、佛像等。

[32]三慧：即闻所成慧、思所成慧、修所成慧。

[33]《萨迦格言》：13世纪时,萨迦班智达贡噶坚参所造有关世俗道德的论述。全书内容共分九品,即智者品、贤者品、愚者品、合论品、恶行品、本性品、失当品、行事品、教法品。

[34]"祖达"单足国：祖达意即单足国,神话传说中的一国名,国人皆为独脚。他们耻笑双脚人,正常的双脚人至"祖达"国,便受其国人之侮辱,反被认为不是人。

[35]失猫窗户：意为后悔莫及。因事先未做好防猫的准备,偷食供物的猫已从窗口逃跑。此处意即菩提达摩在江南时,梁武帝不器重他,等他离开以后才知道他是道法高深的释僧,为此懊丧不止。如同看到偷食供品的猫出逃的窗户时,恨不得一下捉住它似的。

[36]犍秩：梵文音译,义为声鸣。是一种用以集合僧众的打击器具。木质的有旃檀、紫檀、木瓜、醋柳、桐树、巴罗沙等。长84指,宽6指,厚2指,削去四角成为八方,两端刻成蛤蟆头形。

[37]仲敦巴：全名仲敦巴·甲瓦迥乃,意译"胜生"。藏传佛教噶当派初祖。生卒年为(1005—1064),诞生于前藏堆龙普(即今拉萨市堆龙德庆区)。1054年赴阿里迎请阿底峡至卫藏,拜阿底峡为师。1056年在热振地方建热振寺,弘传佛教,门徒众多,后形成噶当派。

[38]思所生慧：思维观察所闻义理,而依正量获得决定之耽著识。如悟解声是无常之比量及其继续不断之再决识。

[39]八风：又称"八世风"或"世间八法",指对自己稍有损益即生喜怒的世间八事：利、衰、誉、毁、称、讥、苦、乐。

[40] 戍陀罗种：古印度奴隶制等级社会所分之四种人中最下等者。其四种等级依次为婆罗门、刹帝利、吠奢、戍陀罗，其间等级界限极严，禁止相互间共同饮食、交往、居住和通婚，下一等级不准从事上一等级的职业。

[41] 四导师：佛教四佛，即拘留孙佛、迦那迦牟尼佛、迦叶佛、释迦牟尼佛。

[42] 能掠光：即那烂陀寺印僧师子光，曾依《三论》批驳《瑜伽师地》，唐玄奘著《会宗论》三千颂，融会空有二宗，批驳师子光的见解，受到戒贤的赏识。

[43] 护摩：梵文音译，意为火供或烧施，指燃烧有桨树枝等进行的火祭。

[44] 伯赫尔王："伯白赫尔"是藏文音译。藏传佛教一护法神。此神原为本教神祇，吐蕃赞普赤松德赞时期，据说被莲花生大师降伏后，成为藏传佛教的护法神，后期亦成为西藏地方政府崇奉的护法主神。

[45] 噶玛拔希：噶玛拔希 (1204—1283)，藏语音译，义为"业法师"。本名"却吉喇嘛"，义译"轨范师"。南宋藏传佛教噶玛噶举派第二祖。生于康赤隆地方，被认定为噶玛都松钦巴转世的化身，开藏传佛教活佛转世制度的先例。依都松钦巴的再传弟子崩扎巴为师，修炼佛法。1247 年赴楚普，居住 6 年。1253 年应邀谒见忽必烈绒域色堆地区。此后各处游览传教，于今内蒙古与宁夏交界处建显化寺，元宪宗蒙哥赐他金缘乌纱帽、金印等，从此所传遂称为噶玛噶举派黑帽系，1260 年蒙哥逝世，忽必烈兄弟不睦，噶玛拔希涉嫌入狱，后获释，遂启程返藏，沿途传教达 8 载，始抵楚普寺。

[46] 法主囊迥多吉：又称噶玛囊迥多吉，法主囊迥多吉（1284—1339），意译为业自然金刚。元朝藏传佛教噶玛噶举派黑帽系第三世活佛。1288 年至楚普寺依止噶玛拔希弟子邬坚巴学法，先后游览康藏各地，募化修整建立佛寺、桥梁多处。1331 年应诏进京，翌年为元宁宗帝后传授时轮

大灌顶。1336年又应诏进京谒见元顺帝，后在北京圆寂，享年56岁。其弟子扎巴僧格，是噶玛噶举派红帽系第一世。

[47] 饶必多吉：饶必多吉（1340—1383）藏语意为游戏金刚，是噶玛噶举派黑帽系第四世活佛。生活于西藏工布地区1357年应诏进京，1360年抵京觐见元顺帝。随之向顺帝父子传授密宗灌顶。于1364年启程返藏，途中于甘州建佛寺一座，享年44岁。

[48] 噶玛巴前后三世：指噶玛噶举派黑帽系第一世至第三世活佛。

[49] 释迦耶失：即大慈法王释迦耶失（1352—1435）。宗喀巴大师的弟子，藏传佛教格鲁派兴起时期的重要人物。1413年明成祖永乐十年代替宗大师应召赴北京。1414年永乐帝授封他为"西天佛子大国师"。返藏后于1419年倡建色拉寺。第二次进京后于明宣宗宣德九年（1434年）被封为"大慈法王"。留北京时，驻锡嵩祝寺的东寺，当时名为法渊寺。1435年返藏途中圆寂，享年84岁。

[50] 得银谢巴：得银谢巴（1384—1415），藏文音译，义为"如来"。藏传佛教噶玛噶举派黑帽系第五世活佛，本名曲贝藏卜，住前藏楚普寺。明史载，永乐五年春成祖命于南京灵谷寺建普度大斋，为洪武帝后荐福，授封其为"如来大宝法王"，并赐玉印。

[51] 五种宗派：指汉区所宏佛教，总括五种宗派：即律宗、密宗、广行宗（法相宗）、深观宗（法性宗）、心要宗（禅宗）。

[52] 摩腾：即迦叶摩腾，又称摄摩腾，竺摩腾，中印度人，能解大小乘经。汉明帝于永平年间派遣蔡愔、秦景等人到天竺寻求佛法，路遇摩腾和竺法兰。永平十年（67年）与竺法兰应邀偕白马驮经和佛像来到洛阳。翌年，明帝建白马寺，令二僧译经。共同译出《四十二章经》，现存经本即此时译出，为中国汉译佛经之始。

[53] 广行宗：或称广行派，指法相宗或唯识宗。与空宗对称时又称为有宗。

[54] 深观宗：又称深观派，或称法性宗，亦称空宗。在汉区深观宗又分二宗：一为天台宗，一为华严宗。另外还有专宏龙树中论的三论宗，也应计为深观宗内。

[55] 心要宗：又称禅宗。因主张用禅定概括佛教的全部修习而得名。又自称，"传佛心印"，以觉悟所称众生本有之佛性为目的，亦称"佛心宗"。传说创始人为菩提达摩，下传慧可、僧璨、道信，至五祖弘忍而分成北宗神秀、南宗慧能，时称"南能北秀"。

[56] 五时期：汉区佛教天台宗的判教用语，与八教合称"五时八教"。五时期是：华严时，鹿苑时、方等时、般若时、法华涅槃时。

[57] 八教：汉区佛教天台宗的判教用语，含化仪四教和化法四教，是据佛传教的不同形式划分的，八教是顿教，渐教、秘密教、不定教、藏教、通教、别教、圆教。

[58] 五教：汉区佛教华严宗的判教学说。把佛教各种教义和流派分为五教、十宗。五教是：小乘共教、大乘始教、大乘终教、顿教、圆教。

[59] 李祖：似指唐代僧人、汉区佛教禅宗北宗创始人神秀（606—706），因他俗姓李，待考。

[60] 薛禅帝：指元世祖忽必烈，元朝的创建者。蒙语尊称薛禅皇帝。拖雷正妻唆鲁禾帖尼的第二子。

[61] 共同明处：又称共通明处，指除内明 [佛学] 外是内外道共同学处。

第三章 讲说由彼等渐次弘传之佛经名称品类

其三，因在一段时期汉地南北各分一方，屡屡更换帝王，致使犯下了自汉明帝截至隋文帝间翻译的一切大藏经均受损失（对漫延有疠疫和战争之两种理解者。一些见多识广的译师说应以后者为准，考察诸宗教源流史中所出现的大多相应之言词，与此说相同者亦颇多。）以及非佛语者误为佛说等诸多罪过。遵照（隋）文帝之委托，诸僧俗智者对大藏经进行极为妥善之审订。亦颇合现今之三藏编排次第，即采用以每藏为六个章节之编排形式，第一章为单译类；第二章为重译类；此二者（即第一、二章——译者注）无论词或义，彼此皆互不可少，故未移动。第三章为附加类，因此附加类无论有无，均不影响其余缺，故任缮写者自便；第四章为未译完的部分和译稿被散失的部分，即译稿若能寻得，可再行弥补充实类；（第五章）为用法律规定的部分，即破斥伪装佛语之非佛语者，使不得再行流传。如梁武帝之臣王弥（音译），其女生就不习字而精通佛法，自8至16岁讲说经藏达十五函。太子萧子良移易经藏为数甚多。因前者是既神奇而又受帝之赞扬之人，后者为帝王之宠子，故将彼等之事收录佛语之中。如有某些类似者，一概从经中抽出，并注明其原由等，只可题写书名。第六章为待考察类（考察对境类），似乎不是真本，但既无梵文本，又无译文标题（可查）；虽语词优美，但与一般经典不相同。诸如此类，作为任务留给后期诸智者。如是，就开始编撰此具六章之真实目录。

时隔不久，王朝崩溃。随着两强相争之势愈蔓延，佛教亦愈受其牵连。对（佛教经典）中所产生的一些出入和误解，后期于唐代唐明皇时奉旨编撰《开元录》[1] 时予以纠正，并将新译部分增添进去，编撰方法与前相同。此《开元录》中含有自汉明帝永平十年，至唐明皇开元十五年，663 年间，由 176 名译师所译大藏经共 1527 函。由此开始，截至唐德宗贞元五年为止，60 年间，又增加由 8 名译师先后翻译的（佛经）242 函，又奉旨编写《贞元录》[2]。再过 193 年，即自宋太宗太平兴国七年，至宋真宗大中祥符四年为止，26 年中，增补由 6 名译师新译（佛经）384 函，奉旨编制（佛经）目录《祥符录》。当时已迎请但未译完的一些梵文佛经，直至宋真宗之子（宋）仁宗时奉旨续译。于仁宗景祐四年，增加已经圆满续译的（佛经）148 函，奉旨编写（佛经）目录《景祐录》。彼等编撰方式如何？以后另行观察。

须补由此开始，截至大元世祖薛禅王至元二十二年为止 253 年间，由 4 名译师所译佛经 115 函。与此同时，还须将汉藏两文《大藏经》，经彼此互相比较后，添补其所缺经文。为此帝特降诏书任命由八思巴大师之侄答耳麻八剌剌吉塔[3]，八思巴亲传弟子叶辇国师（原注：是否文殊剑？待考），印度班智达精通五明者尾麻罗室利，藏僧传显密二教获幢者（原注：帝赐法衣，以示其具有三功德，即才识精湛、德行严谨和心地善良之义译）讲经律论轨范师吃罗思八藏布；(འཕིན་ལས་བཟང་པོ།)，传深广二法[4] 获幢沙门、讲经律论轨范师湛阳宣思 (འཇམ་དབྱངས་ཡེ་ཤེས།)，通深广二法获幢之沙门、讲经律论轨范师速端然（原注：藏语之变音），宣授诸路释教都总统、法主远云丹巴 (ཡོན་ཏན་དཔལ།)，北庭都护府人通深广二教获幢沙门、讲经律论者畏兀尔班智达斋牙答思，资德大夫兼专使、诸路释教都总统、正宗弘教大师、译师合台萨里，北庭都护府人通深广二教及双语者迦鲁拿答思（原注：以上二师姓氏不清，前者名已变音），汉僧顺德府开元寺住持法觉释光大耀国师即授封佛法日光照耀法师、获幢者女沙门庆吉祥，平滦路水岩寺住持传法辅教大师即授封传法辅教法师、获幢者女沙门恩吉祥，大都府宝集寺住持传法潮音妙辩大师即授封传法盛兴辩才法师、获幢者讲经沙门海吉祥，真空府兴化寺住持传法通玄大师即授封传法通义法师、获幢者讲经沙门轨范师温吉祥，大都大悯忠寺住持传法通辩大师即授封传法通辩法师、获幢沙门讲经师吉祥，昊天寺住持传法玄悟大师即授封传法见义法师、获幢沙门讲经师习吉祥，黄梅寺住持通慧大师即授封智圣法师、获幢沙门讲经师温吉祥，弘法寺住持通显密二教演秘大师即授封通显密二教秘主法师，获幢女沙门灇吉祥，崇国寺住持临坛大德圆融崇教大师即授封讲说语旨功德宝藏合口具美佛法侍奉法师、获幢沙门讲经师演吉祥，圣寿万安寺住持临坛大德开三学崇教大师即授封讲说语旨功德宝藏三学讲传佛法侍奉法师、获幢沙门持律上首应吉祥，济宁路金山寺住持妙辩通义大师即授封辩才明义法主、获幢女沙门庆吉祥，万安寺住持开三学讲传大乘戒临坛大师即授封三学讲传菩萨律仪传亲教师、语旨功德宝藏大乘法主、获幢女沙门理吉祥，江淮地方侍教者扶宗弘教大师即授封传承弘法法主获幢沙门讲经师行吉祥，万安寺都总统佛觉晋安大师即授封导师一切生法主、获幢沙门讲经师拣吉祥，诸路释教都总统、道通真智禅师长寿长老即授封无方全面护持佛法道通真智禅定亲教大师恒寿老尊者、获幢沙门昭吉祥，翰林学士承旨正奉大夫译师安藏[5]，所承之事如前（即翰林学士承旨——译者注）中奉大夫、译师弹压孙，翰林学士嘉依大夫、译师脱印都统，奉训大夫、工部郎中、牙识汉养阿等等。（以上）众（大师）经过详细查对和认真校勘后，将彼等之新译部分加以上所述115函，共计150函，分别收录于同一门类中，汇编成704函之大藏经目录，即《至元法宝勘同录》[6]。此录之编撰体例分为经、律、论三藏，三藏又各分为大小二乘。

此录首先正如《大乘经藏》中所说"听兮，讲说广大法相经藏及以经藏形式讲说密宗矣",将甚深秘密宗分为两种类型:凡是来自天竺的佛经,开首均有梵文,末尾均撰写译跋及跋;凡属疑难者,作为考察课题另行安排。其编排体例非常清晰,故此处依此《至元法宝勘同录》记述如下(原注:当今之《大藏经》,因于大明时期多次进行取舍及合分等,故比此录少27函,编目体例亦大为逊色)。第一首先,号称大乘性相经藏者有五大部,即《般若部》《宝积部》《大集部》《华严部》和《大涅槃部》。(藏文 ཨ "郭尔"即类别,或 ཀ "德"即品类,可作汉文"部"字的对应字。西藏有《五般若》之概念,此乃于前弘期[7]有个别汉地论师和佛经入藏后,当地人对此(概念)始有所了知。后因变音,故将《五般若》错误地解释为本语(即藏语——译者注)的十万数,即经书函量十万。曾见一些经典援引《楞伽经》道:"因降伏十万罗刹,故为十万矣。"像藏文所称 འབུམ "布木"(即十万——译者注)字,梵文称之为五百,汉文又称之为万等等,除含有数量多之义外,不觉其有何合理之处。虽不知其引用《楞伽经》的原由,但印度确有其上述"五部"之概念,必要的一些将间接略显于下。然于汉地亦有所谓十万数之《五般若》之说,此又何故?此说不仅汉地有,在圣地(古印度——译者注)亦很著称。此乃于如来涅槃400年,以犍陀罗[8]国王迦腻色迦为施主,在以阿罗汉波栗湿缚,或称胁尊者,即付法藏师之一的大尊者为首的已证得预流果以上者和凡夫智者共计500人结集佛法时,在经、律、论三藏之上又增多种杂部及瑜伽咒部,计编排五种部类。据说每种部类含十万章,因此,就有此说。其实应理解为经典总称之品类。汉地的第三结集之说与《永恒十万法》颇为相同。《布敦宗教源流》中所载"宝积十万章、大集经十万章、华严十万章"之顺序相同于汉地。如是,总称之 འབུམ "布木"与别称之"部",二者音颇近,无疑为未经辨考而误之。

复次,正确知道之核心了义甚深观,重在指示智慧,即抉择十六空性之法无我和补特伽罗无我。第一,《般若部》,自第一至第60函,计《大般若波罗蜜多经》卷600,大唐国大译师三藏玄奘法师译。佛在四处即灵鹫山、祇陀林、他化自在天和竹林精舍讲说此经。

其第一处讲说《圣观般若波罗蜜多经》和《寂止般若波罗蜜多经》二（经）；前者有两种（般若）经，其第一种因集经者之故，形成广略五次第：其一为《大般若波罗蜜多经十万颂》卷400；其二，比前略，为《大般若波罗蜜多经二万颂》卷78；其三，比前略，为《大般若波罗蜜多经一万信千颂》卷59；其四，比前略，为《大般若波罗蜜多经大八千颂》卷18，即合藏文《大般若波罗蜜多经一万颂》；其五，比前略，为《大般若波罗蜜多经八千颂》卷10。

其第二种有《般若二千一百颂》，或由神童万能摧伏校对之卷8。后者《寂止般若波罗蜜多经》见下。

其第二处祇陀林讲说7种（般若）经，将七经分作三经为一类及四经为一类：即一《般若七百颂》卷2；其二、《摩伽什》，即《龙祥品》卷1，此经无藏文；三、《般若三百颂》，或《金刚经》卷1。

其第三处他化自在天讲说《般若五百颂》卷1，以上四经为一类的前五《般若经》计卷14，虽被西藏前代人称之为《般若波罗蜜多八十万颂》，但被后人称之为《五般若》经，并被编入《般若经》内。《禅定波罗蜜多之章》是佛在灵鹫山讲的，但藏汉两经均编于此处，不知有何用意。其他四经是讲于祇陀林的四种佛经。

第四处，于竹林精舍讲说《小品般若》卷8，虽说此经同于藏文《般若二千一百颂》，但被误为上述万能摧伏所校之经。说藏文经中没有第六类经，似乎确切。在藏文经中此经究竟有否？待考。尚且，或许是《布敦宗教源流》所说"个别经已译，但未寻得"之类。

现述说有关《般若经》的重译、附录和摄义等。《放光般若经》卷20，印度班智达炯吉和枢然伽译；《摩诃般若波罗蜜多经》卷30，印度班智达持明鸠摩罗什和译师僧怀和尚译；《般若光赞部》卷10，印度班智达竺法护译。以上三经除译文相异外，均与藏文《般若百论》相同。《般若摄义》

卷5，班智达竺佛念译；《般若道行品经》卷10，月支班智达支娄迦谶译；《小品般若》卷10，持明鸠摩罗什译；《无边庄严般若经》卷5，天竺班智达尼堪居士译；［原注：以上四经除译文相异外，义相同于（藏文——译者注）《般若八千颂》］由善巧摧伏所校《般若经》卷7，乌仗那亲教师王族乌巴色那译；《文殊室利所说般若波罗蜜经》，仙人曼陀罗译［原注：《般若七百颂》和《宝积经》中均有此经(指藏文译注)]；又有译自狮子国之（译本）卷1，《那迦释品》卷2，宋国沙门僧供（音译，待考。译注）译；《金刚经》有五种译本；《正量般若》，昙摩流支译（同于藏文《般若五千颂》）；《护持慈悲王国般若经》卷2，鸠摩罗什译（原注：待考）；《大般若波罗蜜多心经》，持明鸠摩罗什译。

复次，缺序言与结语之《般若心经》卷1，玄奘法师译；《持国般若》，据说不空金刚译；又《般若心经》两种译本；《说六波罗蜜多大乘经》卷10，罽宾班智达般若和李严译，说藏文无此经（音译李严，待考，指《至元法宝勘同总录》参与者——译者注）；《广八千颂》卷25，竺法护译；诗文摄要《大般若波罗蜜多功德宝藏》卷3，大译师法贤译；《般若心经》译本有三种，其中二者为梵藏合璧文本；《了义般若经》卷1，班智达施护译（原注：说此为附加之经，其原因不明）；《般若五十颂与大般若经修习法》卷1，班智达提婆扇多译；《憍尸迦般若经》卷1，施护译；《普照般若经》卷1，译者同上（原注：虽说藏文无此二经，当时没有。但后来其补译之经，多人目睹矣，现存否难定）；《一百零八种名号般若波罗蜜多八千颂经陀罗尼》，译者同上（原注：说此经本属密咒类，但因名称汇于此处)；《简文般若》，提婆扇多译；《妙菩提庄严般若品》，施护译（说藏文有此经，但本人不能定夺）；《大般若修习优婆提舍》，译者同上；《广说空性般若经》卷4，竺法护译（原注：此经无藏文译本）。

重点讲说圆满道身不了义广行之方便，或言讲说此方便，总括为十六种形式即三律仪经等，以原文及注疏形式汇编于下：

第二，宝积部。所有十二函皆为讲说三律仪经。由锡兰国班智达达摩流支翻译，广博仙人校勘。上述论师（原注：又称后菩提流支）所译经文中包含四十九种佛经或四十九章，彼等经与藏文（佛经）校对，流畅无阻，此处不予详述。其中一些佛经，由天竺人那连提黎耶舍、鸠摩罗什、阇那崛多、僧伽跋摩、乌巴森、达摩笈多、前或大菩提流支、竺法护、佛陀扇多、实叉难陀、仙人曼达利喀、白色班智达南迪伽、汉地玄奘法师、义净和尚、道朗和施主智者聂道真等人翻译。第一章含3卷；第二章4卷；第三章7卷；第四章2卷；第五章和第六章共2卷；第七章5卷；第八章2卷；第九、十章各1卷；第十一章5卷；第十二章2卷；第十三章1卷；第十四章2卷；第十五章3卷；第十六章16卷；第十七章3卷；第十八章2卷；第十九章1卷；第二十章2卷；第二十一章1卷；第二十二、二十三章各1卷；第二十四章1卷；第二十五、二十六章各2卷；第二十七、二十八、二十九章各1卷；第三十、三十一两章共1卷；第三十二、三十三两章1卷；第三十四、三十五两章共1卷；第三十六章4卷；第三十七、三十八两章共1卷；第三十九章2卷；第四十、四十一、四十二三章共1卷；第四十三章1卷；第四十四章2卷；第四十五、四十六章共2卷；第四十七章2卷；第四十八、四十九章共1卷等。指出（以上）第十三章和第十四章两经是从弟阿难由《根本说一切有部毗奈耶杂事》中抽取的第十一品和第十二品。五译等方面有：《讲说三律仪经》卷3，天竺大班智达达摩达那译（原注：义同于第一章）。《讲说无量光佛土严净经》（此经有3位班智达）翻译的3种译本（其义同于第五章）；即其一为《无量清净平等觉经》卷3；其二《无量光佛经》卷2；其三《无量寿佛经》卷2。《阿閦团佛土严净经》卷3，大班智达支娄迦谶译（义同第六章）。《大宝积经大乘十法会第九》卷1，班智达僧伽婆罗译（义同第九章）。《大宝积经文殊师利普门会第十》卷1，竺法护论师译（义同第十章）。《难陀处胎经》卷1（义同第十三章）。《文殊师利佛土严净经》卷1（义同第十五章，二者由来同上）。

《法镜经》卷2,班智达安玄和译师严佛调译。《郁迦罗越问菩萨行经》卷1,译者同上（此经与《法镜经》义同第十九章）。《妙贤悬记》卷1,译者同上（义同第二十一章）。《大宝积经优波离会第二十四》卷1,无译跋（义同第二十四章）。《促使增上意乐》卷2,阇那崛多译（义同第二十五章）。《能现所问》,法灯和尚译（义同第二十九章）。《善意女所问》,此篇有竺法护译著1篇,持明鸠摩罗什译著1篇（义同第三十章）。综上4篇尚满1卷。《无忧施菩萨分别应辩经》卷1,竺法护译（义同第三十二章）。此译者译《无垢施菩萨分别应辩经》卷1（义同于第三十三章）。又《无垢施菩萨分别应辩经》卷1,瞿昙般若流支译;《大方广如来不思议境界》卷2,达摩流支译（义同第三十五章）。《观世音菩萨授记经》卷3,竺法护译;《开光慧所问》卷3,般若流支译（以上两经义均同于第三十六章）;《狮子王子所问》,有竺法护译作1篇,还有一篇缺译跋的译著,《智者所问经》卷2,竺法护译（义同于第三十八章）。《持贤所问》卷2,摩揭陀国班智达提跋伽罗译（义同于第三十九章）。《弥勒所问八法》,天竺论师世间主译（义同第四十一章）。《慈民所问经》,竺法护译（义同四十二章）。《普光品》卷1,支娄迦谶译;又无译者名之译经1卷（此二经义皆同于第四十三章）。《吉祥串所问经》卷1,求那跋陀罗译（义同第四十八章）。《广博所问经》卷2,般若流支（其义同于最终第四十九章）译。《大宝积经文殊师利授记会第十五》卷3,阿目佉跋折罗译（其义同于第十五章）。《迦叶所问经》卷5,施护论师译（此经义同于第一章或第四十三章。待考）。

智慧与方便平等,如应重点讲说。尤其是因十方诸佛、菩萨讲说功德、誓愿和善巧方便,故他方净土之诸大圣皆集于此会,由此形成大集之概念矣。

第三,大集部:即《大方等大集经》卷30,天竺亲教师、三藏师达摩达那译。重译之作有《大方等大集日藏经》卷10,班智达那连提黎耶舍译;《大方等大集月藏经》卷10,译者同上;《大乘大集地藏十轮经》卷10,

玄奘法师译；又《大乘大集地藏十轮经》卷8，无译跋者。《大方大集经须弥藏品》卷2，天竺亲教师那连提黎耶舍和译师法智和尚译；《虚空藏经》有三种：《虚空藏修习经》，罽宾班智达昙摩蜜多译（待考）；《大集经菩萨念佛三昧分》卷6，天竺班智达公和智译；《大集经菩萨念佛》广本卷10，班智达达摩掬多译；《大集贤护经》卷3，支娄迦谶译；《贤护经》上册卷1，道安大译师译；《大集贤护经》广本卷5，班智达求那笈多译（认为立起不卧定修瑜伽之来源出自此经，说此经有藏文，但未目睹）。《智慧无尽经》卷7，竺法护译；又卷6同上，大译师慧严译。《喻经》卷2，阇那崛多译。《大悲经》或称《陀罗尼自在王所问经》卷8，竺法护译。《珍宝女所问经》，译者同上。《不语童子经》卷2，译者同上（说藏文无此经）。《菩萨自在王所问经》有两种译文：《大集宝顶陀罗尼经》卷8，班智达跋罗巴弥多罗译；《虚空藏经》卷8，不空译（此经似《虚空藏菩萨所问经》）。《大集经十万颂法身赞》卷1，不空译（有关《大集经》各类经书由于分散，汇入藏文《甘珠尔》显宗类内，致使极难分辨。《日藏经》等属于取自《大集经》之根本经重译之类）。《妙法大集经》卷5，施护译。

讲说见行双入，智慧与方便无二，宣扬一乘之内任运成就。其特点是唯独菩萨所行处，乃报身净界也。

第四，华严部：《大方广佛华严经》卷60，天竺亲教师三藏法师佛驮跋陀罗等人译（此经有重译本）。较前更广之《华严经》卷80，印度班智达实叉难陀译。《信力入印法门经》卷5，班智达达摩流支译。《如来庄严智慧光明入一切佛境界经》卷1，无译跋；又由阇那求跋译卷2，实叉难陀译卷1，内容同上。《佛不思议境界》卷1，迪尤和般若合译；实叉难陀亦译卷1，内容同上。《金刚幢品》卷1，菩提流支译；迪尤和般若二译师亦译此经卷1。《普贤所说经》有3种不同译本，每本够一卷。《如来名号异门品兜率天经》卷1，支娄迦谶译。《讲说菩萨行经》，此经有2种译本。《大乘菩萨十地品》，此经有2种译本。《大乘菩萨十地经》，此经亦有二种

第三章 讲说由彼等渐次弘传之佛经名称品类

译本。《禅定品》卷2，竺法护译。《寿量品》卷1，玄奘法师译。《讲说如来本生经》卷，竺法护译。《出世品》卷6，译者同上。《入法界经》卷3，圣坚和尚译；提婆迦罗亦译此经卷1。《大方佛华严经》卷40，罽宾亲教师般若和李严（音译，待考——译者注）等人译。《如来十力经》天竺班智达悉喇达摩和乌迪司尤译。《回向品》卷1，译者同上。《大乘菩萨十地经》卷9，由以上二论师译。取自《入法界经》之《字母门》卷42，瑜伽自在者阿目佉跋折罗译（依汉俗传说，龙树菩萨自龙宫迎请之诸经，一概当作《华严经》类，而不划为《般若经》类）。

在共同眼里我佛于人间转微妙法轮达49年之久。由于补特伽罗之心之差别，有人已起真实疑心，有人在半信半疑中。为消除疑网，（我佛）认为已到解答问题的时间了，于是以遗嘱之形式论述几个往昔未曾讲过的（涅槃经）。

第五，涅槃部：《大般涅槃经》卷40，天竺亲教师达摩达那译。五译及续译等方面，有关（ སྦྱང་བྱེད ）《甲虫闸》等卷2，求那跋陀罗译；《大般涅槃经》卷6，大译师法显和胜贤译；《四童子禅定经》有二种译本；《大悲经》卷5，那连提黎耶舍译（当时未曾有过《十一想》，现存于《甘珠尔》经中的所谓《薄伽梵之遗嘱》非当时之《十一想》矣）。

关于大乘杂经律。《大游戏经》卷12，天竺大班智达提婆伽罗译；同上8卷，竺法护译。取自《法华经》之《三摩地品》卷1，慧严和尚译；又取自此经之二品各卷1，《法华经》卷8，鸠摩罗什译。又此经卷10，由竺法护译；由笈多和掬多二者完整补译鸠摩罗什未尽之《法华经》7卷,《维摩诘所说经》卷3，鸠摩罗什译；同上卷2，支谦居士译；同上卷6，玄奘法师译。《维摩诘子善思童子所问经》有三种译文（是否《讲说菩萨行》待考）；《大悲经》卷8，无译跋；又卷10，达摩达那译。《金光明最胜王经》卷10，大译师义净译；宝圣译师做与其他三种二译本相比较及汇编整理共8卷。《紧陀罗王屯仑摩所问经》有二种译本。《三十三天品》译本二

98

种。《宝云经》，即大乘经共 10 卷，狮子国班智达达摩流支等人译；又 7 卷，仙人曼陀罗和僧伽跋罗译。《不退转法轮经》译本三种。《入定不定印经》译本二种。《摄一切福德三摩地经》译本两种。《梵志差异心所问经》异译本三种。《世间持所问经》译本三种。《大乘大方等陀罗尼经》译本二种，各足 1 卷。《一切心如来秘密全身舍利宝箧印陀罗尼经》，有二种译本，由竺法护和求那跋陀罗译，各为 3 卷。《大乘因明》译本两种（说藏文有此经，认为此经曾于楞伽地域向罗刹王讲说过，是一部甚深经藏）。大乘经《解深密经》卷 5，天竺班智达菩提流支译；玄奘法师又重译卷 5。取自此经又有二经，一为《缘起类别法门》，有两种译本，另一为大乘经《楞伽经》卷 4，求那跋陀罗译。又《楞伽经》卷 10，菩提流支译；（此经）卷 7，实叉难陀译。大乘经《佛说菩萨行方便境界神通变化经》卷 3，天竺班智达求那跋陀罗译（此经又称《大萨遮尼乾授记经》）；同上卷 10，菩提流支译。《大云经》（或名《大方等无想经》。译者注）卷 6，达摩达那译。《大云轮请雨经》有四种译本。《佛说诸法本无经》译本两种。《圣宝无边经》译本两种。《如来智印经》译本二种。《大灌顶经》卷 13，天竺班智达具三藏者毗舍摩弭多罗译（可疑）。《佛说药师琉璃光佛本原经》卷 1，班智达达摩笈多译；还有一部玄奘法师之译本。《经部八百》卷 2，大译师义净译。《阿阇世除悔经》译本三种。《诸法自性平等性无戏论三摩地王》，或名《月灯三昧经》，卷 10，班智达那连提黎耶舍译；取自此经之一品，玄恭（音译，待考——译者注）译。《神通象经》有二译。《大庄严法门经》有二译；《如来庄严智慧光明入一切佛境界经》有二译（此经是否华严经属《具智光经》。待考）。

后期翻译的诗文《极乐世界严净土》卷 1，无译跋。《讲说降生极乐世界修习次第与胜身女王经》卷 1，天竺班智达伽喇智译。《无量光严净土》，鸠摩罗什译；《极乐世界赞经》，玄奘法师译；《弥勒修习经讲说降生兜率之方便》，施主沮渠京声译。《弥勒经》有四译（虽言此书无藏文，但与藏文《弥勒经》和《弥勒授记》无甚差别,思更方广)。《诸法之王经》或《诸法之义经》有二译。《灯火仙所问》或名《胜义法胜经》有二译;《妇女变易》有二译;《佛说六波罗蜜多经》卷8,班智达僧伽赛那译;取自此经之六章,每章为1卷,有六种译跋(言此经无藏文,思此乃《本生如意藤树》之根由);《无字宝箧经》有三译。《老妪所问经》有三译。《月光童子经》或名《德护长者经》有三种译本。《伽耶(梵文,汉意为象。译者注)头山经》有译本四种。《施主之子授记经》有三译。《牛犊授记经》有二译。《无垢善女所问》有三译。《圣吼经》有三译。《抉择陀罗尼》有二译(虽言无藏文,但难定夺)。《文殊师利法身问经》有二译。《狮子吼经》有二译。《百善根经》有两种译疏(此经与《文殊师利所说经》同否,待考)。《大乘经圣四法》,有班智达提婆伽罗之前后二译。《神奇经》有二异译本。《银光少女传》二;《阿阇世授记经》二;《最极敬信经》二(虽言无藏文,与藏文《讲说善知士经》同否。待考);《大乘功德赞》二(未言此经有无藏文);《教授大王乘经》三(此经别名《佛说胜军王所问经》——译者注)(虽言无此经,可同《佛说胜军工所问经》比较考证之);《迁有经》二;《文殊出现》二;《佛说十二缘起经》二;《佛说稻秆经》二;《如来独证自誓三昧经》二;《侍浴经》二;《佛说造如来影像功德经》二;《龙施女经》二;《八吉祥经》四;《目犍摩那罗伽(ཨོ་གྱལ་བ་ན་ར་ག之音译,似《目连所问经》待考——译者注)所念经》二;又《侍浴经》同上二及异译本二;《讲说鬘功德》二(指《铁之五译》,或指菩提流支所译不计其数)。

《具万宝经》卷1,支娄迦谶译(虽言此经无藏文,是否《宝无际经》待考)。《讲说向僧伽奉献暖阁沐浴功德经》卷1,大译师安世高译;《提婆所问》卷1,智顺居士译(此经义同于《宝积二十七品》)。《施主子菩提树所问》《瞻波伽花童子所问》《四者不忍经》《顶慧女授记经》《吉祥光童子授记经》等各卷1(虽言此无经元藏文,不定有补译本,最后一经可同《吉祥宝所问》等经相比较考证)。《圣具宝网所问》卷1,竺法护译。

100

《答五百仙问菩萨行》。《讲说善果福田经》，法灯译师译。《大乘如来藏经》卷1，曼陀罗舍仙译。《龙吉祥菩萨所问》，菩提流支译。《讲说金色王之从前行为》，瞿昙般若流支译；《讲说俗人与出家人之事》，圣坚和尚译；《百佛名经》卷1，那连提耶舍译；《圣花束》卷3，天竺班智达吉伽耶和丹草（音译——译者注）二人译。《天子绝技心所问》卷3，竺法护译。《佛母摩耶夫人经》卷1，昙靖和尚译（言此经有藏文本）。《除惧难经》卷1，圣坚和尚译（言有藏文）。《婆罗门毗耶（ཧྱ之译音——译者注）之从前行为》卷1，天竺班智达支谦译。《观世音授记》卷1，译师达摩伽译；《海龙王所问》卷4，班智达竺法护译。《健行三摩地》（梵音译言《首楞严》或《首楞伽摩》——译者注）卷3；持明鸠摩罗什译。《普贤修习经》，昙摩密多译（言藏文无此经，是一净罪经也）。《医王（药师佛的别称——译者注）佳医二菩萨修习经》，班智达伽喇智译（言有藏文，是一净罪经，内含五十三佛之名号及忏悔）。《不思议慧童子经》，鸠摩罗什译。《讲说菩萨取舍十地经》卷10，班智达竺佛念译；《诸佛聚集品》卷2，竺法护译；《奇特因缘经》卷2，译师昙靖译（言此三经均有藏文）。《大乘菩萨庄严经》卷12，班智达竺佛念译；《威慑日光三摩地经》卷2，施主智者聂承远译（言以上二经无藏文）。其前者（即《大乘菩萨庄严经》——译者注）内容多含众菩萨和阿罗汉义深之问答。《大乘贤劫经》卷13，竺法护译；《佛陀名号》卷12，菩提流支译；《三劫三千佛名号》卷3，无译跋；《五千五百佛名号》卷8，阇那崛多译；《讲说持十方诸佛名号不思议功德》卷2，无译跋（虽言以上四经皆无藏文，其第三经与《五千四百五十三佛》同否，及最后一经是否《十佛》，可再考）。

  《大乘善根引摄经》卷13，鸠摩罗什译。《二僧伽经》卷4，乌仗那国论师王族乌跋塞那译（思此经亦同藏文，纯属功德）；《大庄严三摩地》，那连提耶舍译（说此经有藏文，但未见）。《讲说大方等自然智了义大乘经》卷1，罽宾班智达佛陀多罗译（此经虽无藏文，但未见说明，其形式似乎同于《解深密经》）；《随念佛海三摩地经》卷10，佛驮跋陀罗译（无藏文）。《大善巧方便报恩经》卷7，无译跋。《菩萨传》卷3，无译跋（虽言无藏文，可同《太子须达挈经》等比较查阅）。《法蕴经》卷6，菩提流支译（虽言此有藏文，但此经不是《舍利弗所问》）。《遍观一切诸法经》卷4，阇那崛多译。《菩萨处胎经》卷5，竺佛念译（无藏文）。《阿耨达龙王请问经》（异名《佛说弘道广显三昧经》——译者注）卷4，竺法护译。

《佛说供灯功德经》卷1，那连提耶舍译（虽言有藏文参考资料，可与《供灯经》同否，待考）。《饶益指鬘[9]经》卷4，求那跋陀罗译。《中蕴经》卷2，竺佛念译；《离有菩萨所问》卷4，阇那崛多译（说以上二经有藏文）。《六波罗蜜多五十颂》卷2，安世高译；《大法鼓经》卷3，求那跋陀罗译（说两经均无藏文，后者可与《大鼓品》比较查阅）。《文殊师利所问》卷2，译者同上（虽言无藏文，可同经藏中的《文殊师利所问》相比较）。《胜月女授记》卷2，阇那崛多译。《如来秘密藏经》卷2，《大乘秘密庄严经》卷3，此二经均无译跋（虽言以上二经无藏文，后者实为《大乘密严经》）。《佛印三摩地》，安世高译；《文殊师利涅槃经》，聂道真译；此人又译《菩萨传》。《千佛从前之行为》，鸠摩罗什译。《顶善女所问》，能谦（译音，是否能仁，待考——译者注）和尚译（改此经为《胜身女所问》更妥）。《月极明童子所问经》，支谦居士译（言《女婆罗门慧极明所问》卷7均无藏译本）。《大乘除十方一切暗经》，天竺班智达竺法护译；《无角母牛传》和《恶魔进犯》各1卷。《太子功德光经》，竺法护译（言此经有藏文，此经或许是《吉祥军传》或者《太子须达挈经》等经中任何一经）。《大智慧经》，求那跋陀罗译（虽说此经无藏文，可同《福德力传》比较查阅）。《地母女所问经》《天子舵手所问经》《一切诸法之圣》《八曼荼罗即由诸班智达所译佛经品类》《慧离垢菩萨所问经》《佛说持七佛名号功德经》（言有藏文经，是否《十一想》待考）。

《定最寂静如幻三昧经》，玄奘法师译；《跋差摩婆帝（ཧྭ་ཀྲཱ་བ་ནི་ 之译音——译者注）授记经》，菩提流支译（虽言无藏文，但似《差摩波帝授记经》）。《佛说无增减经》《缘起经》（耶达罗）；《绕窣堵波功德》（言有藏文）；《大乘四法》（说有藏文，是否同于《大乘四法经》）；《功德女所问》（言有藏文，是否同于《婆罗门女吉祥所问》）。大乘经《迁有》，义净和尚译。《美色王的故事》；《海龙王所问法印经》。《师子苏达罗王阉割故事》（虽言以上二经有藏文，但未能识别）。《佛说沐浴供养释迦身像功德经》《大乘八佛经》，般若流支译。《佛说内六波罗蜜多经》卷1，佛音和尚译（此经未见有无藏文之说明）。《舍身饲虎经》《清净不破不变金刚三摩地经》，无译跋；《佛说狮子月佛从前之行为经》，无译跋；《婆罗门妻法慧授记经》《萨罗揭王降伏记》《十吉祥经》（此经有无藏文未予说明，其内容是十方诸佛名号，与《十佛经》同否，可考）；《摩揭陀贤女故事》《佛降生为兔的故事》《金刚三摩地》，无译跋；《佛说妙法没落经》《圆满回向经》《天王太子辟罗经》。

《佛说优婆夷现行纯洁经》《八大丈夫经》，大译师安世高译；《三学经》，此经有二译；《佛说毁灭佛法经》《往昔化缘经》《佛说成熟和解脱道头陀功德经》，求那跋陀罗译；《佛说施主牧女淑帝伽（音译，是否供佛以奶粥之女牧主尸迦罗越，待考——译者注）从前之行为经》；《长寿工之故事》《佛说妙法永住经》（言《优婆夷现行》以下十经，原汇于小乘经类，但此等大乘术语颇多，故编入本［目录］内）。《观世音佛授记》卷1，不空金刚译（言有藏文，可考是否《箧庄严经》）。《盎掬黎（音译——译者注）仙女经》（言有藏文，可考是否《除毒女明咒》）。又《佛说稻秆经》，不空金刚译；《菩提三聚经》，译者同上；此（译者）所译几部经藏是《文殊师利问基本字母章》《大乘密严经》《隆唐经》《文殊师利和众仙说日世星曜善否经》（言以上二经无藏文）、《具光花鬘仙女经》（言无藏文）。

《华严施主问无爱象子之力经》，阇宾班智达般若和李严（音译——译者注）（言无藏文）；《大方广经藏善巧方便经》卷4，班智达施护译（言此经同于《宝积经三十七品》，确否，可否同三十八品比较考查）。大乘经《菩萨住心修习经》卷8,罽宾班智达般若译（言此经无藏文）。《神奇经》卷6,施护译（说藏文有此经）。《佛说极乐世界庄严经》卷3,天竺班智达法贤译。大乘经《如幻三昧经》卷3,班智达施护译。《大宝积经护国菩萨会第十八》卷4,译者同上。《正法念住经》卷8,班智达达摩提婆译（言此经义同于《宝积经四十三品》）。《佛说四无畏经》《佛说大自在天因》《佛说法身》《一切诸佛经》《佛之十名号》《一切诸佛境界功德》。

《佛说魔逆经》卷1,班智达提婆扇多译（言属密宗类）。《文殊师利所问大乘法螺经》卷1,班智达法贤译。《佛说无我义经》,施护译。《佛说稻秆经》,译者同上。《佛说八菩萨名号及功德经》《宝月童子所问》,施护译。《佛说布施差别经》,译者同上;此译师又译《法印经》《善巧方便品》《教授娑伽罗龙王经》。

《月光的故事》卷1,班智达法贤译。《金光童子经》《佛说布施功德经》,法贤译。《纯陀阿罗汉所问无穷七法经》《入无分别陀罗尼经》,或别名《法门经》《佛说宝施菩萨行》《教授波斯匿王经》,达摩提婆译。

《福力的故事》卷4,施护译。《无畏施问大乘法经》,译者同上。《顶生王的故事》卷6,译者同上。《大方广经佛冠冕》卷2,竺法护译。《宝云经除盖障菩萨品》卷20,竺法护译（言无藏文）。《大集经智慧海所问》卷18,竺法护译。《菩提萨埵毗支迦》卷40,惟净和尚译（同于《宝积十二品》）。《入一切佛境智慧光严》5卷,竺法护译（华严经）。《智慧之印》卷5,金刚智[10]和尚等译。《父子合集经》卷20,日称和尚译（同于《宝积经十六品》）。《二僧伽经》卷7,金刚智等译（与前五卷同否,可查考）。《佛说戒律清净经》卷3,于阗班智达吉祥智译（言此有藏文）。《广说一切诸法义大乘经》卷3,劼德和尚译。《法力施主所问经》卷3,于阗班智达吉祥智译。《大乘义无疑经》卷3,金刚智译（言此经有藏文）。《圆满宣说佛陀名号经》卷18,天竺班智达鸠摩罗什和译师周和尚译。

其次,有关密宗类（汉称秘密部）《不空羂索神变真言经》卷30,锡兰班智达菩提流支（是唐代菩提流支译，彼为南天竺人氏——译者注）。《不空羂索咒心经》有二译，《不空羂索自在王陀罗尼经》卷3，班智达然那摩地译；《不空羂索无边门陀罗尼》卷1，婆罗门论师流禅（音译——译者注）译。《千手千眼观世音总持经》有三译；《具千手千眼无障碍陀罗尼经》有二译；《如意轮陀罗尼经》（异名为《大莲华金刚三昧耶加持秘密无障碍经》。译者注）有五译；《大悲观音咒心经》有二译；《文殊师利一字咒》二译；《十二佛咒心经》二译；《大孔雀经》七译。

《陀罗尼咒品》卷12，班智达阿底笈多译（言稍有疑义）。《十一面观世音陀罗尼》二译。《具光者陀罗尼经》卷2，无译跋。《陀罗尼经》一组五本；《千变陀罗尼观音咒经》。《六字明咒经》，菩提流支译，此经又有二译。《六字陀罗尼咒》卷1，无译跋。《纯陀菩萨陀罗尼经》卷3《大悲观音陀罗尼诸义成就经》卷1，智通和尚译。《尊胜母陀罗尼经》七。《出生无边门陀罗尼经》卷1，智万居士译；另有八译。《佛说无能胜幡王如来庄严陀罗尼经手印》二；《无边法门陀罗尼经》《入无限法门陀罗尼》；《金刚曼荼罗总持》二；《花束总持》二；《七佛陀罗尼》《善巧方便陀罗尼》《东方佛明照王陀罗尼经》三《金刚秘密善门陀罗尼经》三（言以上二经无藏文）；《光无垢陀罗尼经》《观世音佛除毒及一切灾难陀罗尼经》《大方广经藏旃檀陀罗尼经》卷4；（说有藏文，可考和《旃檀支》相同否）。

《法灯陀罗尼经》卷20，班智达阇那崛多译。《吉祥威严陀罗尼经》卷20，译者同上（言以上二经无藏文）。《增宝大无量宫极所住秘库陀罗尼经》卷3，菩提流支译。《如来五佛顶髻忿怒一字明王陀罗尼经》卷5，译者同上。《一切陀罗尼咒终结一字经》卷1，然多摩地译（言以上二经无藏文）。

《大佛顶如来密因修正了义诸菩萨万行首楞严经》卷10，据说此经由怀谛（音译，此经译者是唐代般剌密帝——译者注）和尚和天竺一论师在广州翻译的，也有说此经译者是班智达般若。不仅藏文《甘珠尔》有取自此经的《魔品》卷2，在前三个目录[11]中亦有"例外说明"之字样。但鲁梅旺久扎却言对此犹豫未决，经（我）详察后，果真是一部多从佛语注疏中摘取，而于修改中存有夹杂的经。

《大方广大日如来现觉变化加持经》卷7，天竺班智达具三藏者乌跋迦罗译。《善肩所问怛特罗》卷3，译者同上。《大善成怛特罗修习方便分类次第》卷3，译者同上。《摩利曼达（音译）陀罗尼经》，《七佛讲说陀罗尼经》卷4；两经均无译跋。《妙吉祥大义总持》卷2（言以上三经均无藏文）。

《文殊师利藏大勇八字陀罗尼咒》，或异名《陀罗尼宝藏经》卷1，菩提流支译。《降伏暴风雨金刚放光陀罗尼经》卷1，译者同上。《诸天龙八部傲慢酋长献作除盲之陀罗尼咒》卷1（言以上二经无藏文）；《不死鼓声陀罗尼经》《陀罗尼咒普贤具七宝经》二；《房屋吉祥》（可疑）；《嘛呢然那》《幻术师贤者所说咒文》《护童经》《一切诸佛藏》《断苦经》《八名号》《护国经》《六门》《观世音普贤陀罗尼》《智慧多罗罗》（多罗罗即梵音，意为灯——译者注）；《一切诸佛集》《各随行明咒女王经》《窣堵波俱胝变》；《焰口女咒》二；《庄严王》《香王》《遮遣孽障》《虚空藏陀罗尼经》《阿惹跋杂那分别心》《观世音如意轮陀罗尼经》）。

《忿怒明王叠痣怛特罗》卷3，不空金刚译。《金刚媳瑜伽正量怛特罗王》卷3，不空金刚译。《阿波黎扎陀罗尼》《佛向菩提藏所说顶髻转轮忿怒明王一字》卷5（言以上二经有藏文）；《秘密舍利箧》卷2；《一切如来金刚寿命陀罗尼经》（言此无藏文）；《降雨宝陀罗尼经》（说此经有藏文，可查是否《增禄天母》）；另《增宝无量宫》卷3，异译本一；《菩提藏严》《除百病》《除眼病》；《八曼茶罗》有二译；《叶衣女陀罗尼》《火顶山陀罗尼》。另，《观世音普贤》《顶髻转轮忿怒明王一字经》；《光辉普照无垢如意宝印无敌明王经》卷2；由《文殊师利阎罗品》中所取《战胜三世间藏》卷1（言以上两经有藏文）；由《不空羂索细微仪轨》中所取《毗卢遮那佛灌顶品》《单辫陀罗尼》《鬈说》《顶髻转轮忿怒明王怛特罗》卷3；《大吉祥仙女一百零八名号》（此经无藏文）；又《大吉祥仙女十二名号》（说有藏文）；《毗沙门品》卷1，以上诸经由以上论师译（另有异本）。

《大方广菩萨藏文殊师利根本仪轨经》卷20，天竺班智达提婆扇多译。《一切如来身语意三金刚大秘密密集品之大王经》卷7，天竺班智达施护译。《大胜乐基金刚不空誓言怛特罗大王》卷7，班智达法贤译（言此无藏文）。《宝光陀罗尼经》（说此经同于《华严第十地品》）。《金刚藏严怛特罗》卷3，施护译。《文殊师利胜义名号正语经》卷3，施护译；《文殊师利胜义名号正语经》卷2，译者同上。金宗智和尚（待考——译者注）译此经两卷。《无二平等性增胜品之大王经》6卷，施护论师译。《秘密誓言怛特罗大王》卷4，译者同上；《瑜伽怛特罗大王》卷5，班智达法贤译。《发菩提心制伏恶魔经》，施护译。《金刚宝王怛特罗》，达摩提婆译（说以上三经有藏文）。又《不空羂索陀罗尼》《具光仙女品》卷2。《大乘变化不思议境界》卷3，施护译；《一切如来极深密王神奇曼荼罗》卷5，提婆扇多译（说以上二经无藏文）。《金刚手降魔怛特罗》卷3，班智达法贤译。《文殊秘密续尊胜品王》卷3，译者同上；《俱毗罗秘密心[12]》卷3，译者同上（言此二经皆有藏文）；《庄严大宝灌顶王》卷4，提婆扇多译。《善肩所问经》卷4，异译本。《普贤曼荼罗》卷1，《大莲严曼荼罗除一切罪孽陀罗尼》，施护译。《抚养幼童陀罗尼》卷1，法贤译。《得相摧破经》；《长寿经》（被推为上乘译作）；《救度佛母经》《度母一百零八名号》二；《观世音一百零八名号》《金刚忿怒佛母一百零八名号》）。另，《毗沙门品》。

《佛顶放无垢光入普门观一切如来藏和誓言》卷2，班智达施护译。《圆满清除一切恶趣品》卷2，法贤译。《一切如来法眼所生大力忿怒王毗卢遮那佛》卷2，施护译于天竺国。《圣严陀罗尼经》卷2，译者同上（言此二经无藏文）。《大寒林佛母》，二异译本（虽言有藏文，但异于《五陀罗尼经》，定为《大棒陀罗尼经》）。《具金色陀罗尼》《大护明咒》《普贤陀罗尼》《一切如来密箧印藏》（虽言无藏文，可与《秘密舍利箧》比较查考）；《七佛》《世间持陀罗尼经》《火焰顶髻》二《惬意陀罗尼》《小屋重叠妙法甘露大鼓总持》《乐贤陀罗尼经》《圣陀罗尼大王》《智慧烙铁》《花束》二;《飞幡璎珞》《延寿六字》《千变》《长进心识》《俱枳罗（译音，与俱吠罗同否待考——译者注）》;《除罪障》《善色》《旃檀香》《甄叔迦树猎人》《具寿命者》《弥勒发誓》《净除五无间罪》《十八手》《喇刹陀罗尼》《除罪》《宝生》《莲目》《顶髻尊胜母》《持明毗支迦八大陀罗尼》（言藏文无此经）;《金刚犍陀山》《最佳智慧》《地所畏惧》《防电护身符》《明王他人所不能胜者》《他人所不能胜者陀罗尼》《金刚火陀罗尼》《佛说无能胜幡王如来庄严陀罗尼经》《文殊陀罗尼》《无量寿佛陀罗尼》《念生》《弥勒陀罗尼》《虚空藏陀罗尼》《大吉祥陀罗尼》《佳宝陀罗尼》《克敌制胜》《降雨宝和护国》异译本;《延年增寿》《大金刚妙高山楼阁陀罗尼经》，施护译《无畏施》《如来度母光陀罗尼》《诸佛名号》《曜母》《摧毁强盗野人》《观世音之母》《诸佛藏》《除一切魑魅》）。

《千手文殊手持千钵怛特罗经》卷 10，不空金刚（只说此无藏文，未说待考，但仍可疑）译。《摄一切如来真实性大乘誓言之真实和确证续正经》卷 30，班智达施护译。《大乘经如来秘密不思议》卷 20，惟净译师译；言此经义同于《宝积第三段》，但《宝积第三段》未载章节数及咒文，即略本矣，而此经章数咒文俱全，故为广本;《陀罗尼宝藏》《最胜明王经》《金刚妙高山楼阁瑜伽经》（虽言以上四经均无藏文，但以上第二经是否取自《文殊根本续》之《八字可考》。《佛顶大白伞盖陀罗尼》《大顶髻》《随行佛母》《大威德》《文殊师利法身赞》《金刚杵》。《讲说瑜伽义大怛特罗正经》卷 2，不空金刚译（虽言此经无藏文，可查阅比较《释续金刚杵》等经）。《文殊师利修习平等性门怛特罗王》，摩揭陀班智达慈贤译（只说此经没有藏文，而未做考证说明，新近有几部双语合璧经，若是《正续》，是否属于《法界语自在》类，总之，此经混杂不纯正）。《护国陀罗尼》卷 10，罽宾班智达般若译（言无藏文）。

以上所列诸经皆属以根本怛特罗为重点之品类，（以下）剩余诸经是以仪轨等为重点之品类。《金刚杵所生修行实质》《主要三摩地》《不动佛》《文殊师利菩萨》《诸无量光佛修习方便》《般若波罗蜜多优婆提舍》《章节论述》《十八部怛特罗归总》（指瑜伽十八部）《莲花部坛城修习修诵法》《千手千眼观世音修习方法》《瑜伽次第》《普贤菩萨修习法》《金刚萨埵修习圆轮》《顶髻转轮忿怒明卫修习法》《护摩仪轨》从别经抽取之《金刚萨埵修习法》取自《三界胜品》中的《阿惹跋杂那修习法》《普贤修习法》《原本文字注疏》《三世间胜甚深修习方法》《般若波罗蜜多口诀》《无量光修习法》《文殊师利修习曼荼罗》《金刚界佛大曼荼罗供养及忏悔次第》《十一面观世音修习曼荼罗》《三重三昧耶中不动使者修习法》《大云降雨仪轨》《菩提心传戒仪轨》（言以上四经有藏文）；《大乐不空金刚真实性三昧耶般若波罗蜜罗多口诀经》《无量寿修习曼荼罗》《普贤金刚萨埵修习法》《顶髻转轮忿怒王一字修习法》《虚空藏修习法》《尊胜佛母陀罗尼仪轨》《阿閦佛修习法》《般若护国修习法》《莲花部修习品》《救度佛母》《金刚王》《诸观世音如意宝修习方法》《总陀罗尼修行经》《甘露潇修习曼荼罗》《观世音藏修习法》《般若五千颂修行法》《吉祥金刚萨缍大曼荼罗仪轨陀罗尼金刚寿命修行法》《大乐金刚萨埵修习法》《妙法莲花圆满口诀智慧修行品》卷1，由不空金刚译之说法可疑。《诃利帝母子等修习法》《圣金刚童子怛特罗》卷3，摘自《善成》《忿怒明王阎摩敌修习法》取自《文殊师利根本续》中的《金翅鸟品》《观世音修习法》《莲花部本语修颂法》《五字专论》《金刚手灌顶怛特罗中不动佛修习法》《观世音如意轮修行法》《般若波罗蜜多修行法》《顶髻转轮忿怒明王修习法略》《大孔雀卷轴画及曼荼罗营造仪轨》《毗那夜迦夫妇和合修习法》。诸《般若护国注疏》自修行总体起均为班智达金刚智和不空金刚师徒二人之译作，大概摘自诸《怛特罗经》；未见译跋（虽认为《般若护国》须详察，但一时似乎成为完美无瑕，或许此经是诸如《般若五门》之类加工修改而成的）。《具一切如来身之仪轨》（言有藏文，是否《开光怛特罗》可考）；《阎婆罗陀罗尼仪轨》卷2，达摩提婆译；

《阎婆罗曼荼罗仪轨》卷2，译者同上（言有藏文，前者是否《慧王商羯罗》可查考）；《金刚犍达利山修习仪轨》《象鼻天大修习仪轨》；由《续部·秘密藏》中单独分开之《十忿怒明王品》《纯陀大修习仪轨》卷4，法贤译；《吉祥大威德六品》卷1，译者同上。（未见《咒集品》，但同于藏文七品，是散文体。其布局不同于热派[13]，而同宗喀巴大师的见解颇近）；《摄一切如来大瑜伽续中观世音修习品》《尊胜佛母大陀罗尼仪轨》《般若护国修习方法》《大悲藏修习法略》又《观世音中如意轮修习法简略护摩》《广般若护国修习曼荼罗经》《忿怒明王叠痣大修习法》《大自在天所说阿毗伽口诀》（言有藏文）；《大日经中所略修习方法次第》《大日如来变化所加持之摄义七支修习次第》《文殊师利藏五字修心瑜伽》《帝释天修习次第》《一切秘密续王曼荼罗仪轨》（言以上五经均无藏文）；由《吉祥大幻术圆满品第三十一章》中摘录的《无我章》《喜金刚大怛特罗王二品》卷5，天竺班智达竺法护译；摘自《善成续》的《殊胜次第》卷3；《普贤誓愿赞》；摘自《大集十万颂》之《地藏菩萨所问法身赞》卷1，不空金刚译；《顶髻转轮忿怒明王一百零八名号》，施护译；《圣金刚手一百零八名号》卷1，天竺班智达法贤译。（诸校勘者）言及尽管还有一些曾由诸智者和大德宣说过的论典，但是前辈们都已汇成一体了，因此，此处也就步人后尘罢了。

第一编，第二章，小乘经藏。

《长阿含经》卷22，罽宾大班智达佛陀耶舍和竺佛念译。《中阿含经》卷60，罽宾班智达瞿昙僧伽提婆译。《增一阿含经》卷50，译者同上。《杂阿含经》卷50，班智达求那跋陀罗译；同经异译本卷20。摘自《长阿含经》中的《涅槃经》和《梵网经》等诸经加倍为卷42；《佛说七智》《四谛经》等摘自《中阿含经》之诸经计卷53；摘自《戒律之香》及《增一阿含经》卷24，摘自《杂事品》的《法轮经》等共卷15，《除定之障》卷1，据说由施主沮渠译（待考）；《虎鼻的故事》，有四译（也有称狮鼻者）；《目犍连经》，有三译；《阿难陀所问经》三；《五母子经》《阿苏多摩经》《出家经》

卷 3；《法海》二；《四十二章经》卷 1，阿罗汉迦叶摩腾译，此经是最初传入汉地的妙法；《耆婆的往事》《佛说轮回苦因》《降伏龙王兄弟经》（虽说此经无藏文，是否降伏难陀与邬波难陀，可查考）；《女施主欢声经》《总摄三摩地要义即不净相及骨锁修习经》卷 3，鸠摩罗什译《七女的故事》《八阿阇黎经》《佛说解脱施主的前生后世》《佛说贪心之罪孽》《阿阇世王所问》《五苦经》（待考）《斯蒂麻底经》《净饭王逝世经》《讲说求学的需要》《执持锡杖经》《贫穷衰老经》《摩揭陀善女的故事》《波斯匿王出家经》《增长天王经》《因果五十五节经》卷 5；《因果十六节》卷 2。

《妙法念处经》卷 70，菩提流支译；《出家大经》卷 60，班智达阇那崛多译。《法门经》卷 7；《薄伽梵说十余业》《因果类别品》《调伏气息把握心思次第》《多界经》《各处经》《调心经》《佛说因果经》《出家经》《佛说正直心》《地狱经》《佛说业障》《三摩地经》《佛说施主子转生为金翅鸟之道理》《犍陀地方经》《贤慧施主经》《阿难陀四法》《阿阇世经》《黑婆罗门经》《疯犬经》（待考），《佛说善业和非善业果报》《八支斋法经》《布施功德》《效敬经》《佛说五百阿罗汉各自宿业经》卷 1，竺法护译（虽说无藏文，可与《业行授记经》相比较）《大迦叶经》《佛说四罪过》《忍之功德》《教授后出家者》《沙迦比丘调伏蛟龙经》《佛说时与非时》《佛说对己有益》《贤明心所问》《喻鱼经》《阿难陀七梦经》《佛说不应宣扬行善经》《喻灯经》《疯女经》《四大天王经十二章》《迦叶调伏女乞丐经》《佛说善恶果报经》《五人经》《大佛陀和大僧伽经》《降伏婆罗门舍齐经》《投石经》《降伏摩揭陀王经》《旃多黎跋经》《五畏经》《复生弟子经》（待考），《懒惰农夫经》《辩才童子所问》《无垢女居士经》《佛说说法五功德》《天神所问》《僧护经》《净护经》《平川经即持三宝名功德》《三宝经悭吝施主鲁扎经》《五王经》《佛说出家功德》《旃檀树经》《佛说愚者不知布施成效》《调伏普达王》《调伏诃利祇母罗刹女，宣扬有益于如来遗骸之善行》《降伏王子》《佛说报恩父母》《婆罗门问义二十一条》《新年经》《牛群经》《佛说九非时死》

《三十七道品经》《欲害比丘救度经》《调伏亲施比丘》《观身经》《无常经》《八无暇经》《长爪梵志请问经》《杂经》《简明处》《除痣疮》《苏摩哈利经》卷13;法贤译《法门》卷2;《佛说出生义》《因果品类》《佛说信仰功德》《大集》《义抉择》《施果房主经》《四次第法门》《信解脱智力》又《善女的故事》《佛说福德与非福德差别》《波斯匿王请问经》《佛说阿罗汉功德》《七佛经》《金光童子的故事》《频婆娑罗王经》《第一期经》卷2;《毗婆尸佛经》卷2;《灭净论因》《净慧居士请问经》《帝释请问皈依三宝》《日光童子传》卷4;《尼古扎婆罗门经》《调伏征强王》《圣安婆罗门往昔行为》《灌顶王喻》《佛说王政七宝》《喻蚁经》《森林树木经》《戒律香经》《旧城喻经》《医师喻经》《十二缘起品》(待考)《持国天王传》《佛说寿量》《人仙经》《喜自在天所说支轮》《正护仙所说除女病》《一切行集》《七日说灭劫》《消除不安》《白衣与金顶二婆罗门的故事》《净心经》《空性经》《十力经》《勇士阿罗汉经》《忻乐毛氅经》卷3;《金色童子的故事》卷12;惟净和尚译。

(此处所列汉文佛经之函与卷两者义相同,而天竺佛经则非两者义同,于天竺为便于经书的陈列,诸如《金刚经》称名为卷,此类经书10卷为1函等等,均依经架而定。以上未注卷数之经书一律为一卷,下面亦以此类推。)

原本第二编律藏分大小二乘。

首先(大乘律藏经)有:《地持菩萨经》卷10,达摩达那译;《佛说菩萨戒律》卷9,罽宾班智达求那婆摩译(言以上二经无藏文本)。《除罪障》卷1,无译跋(说有藏文);《居士戒》卷7,达摩达那译;《梵网经》卷2,鸠摩罗什译;《十善律》卷1,无译跋;《大乘毗奈耶经》卷1,班智达施护译(言以上四经无藏文,但(我)曾见《梵网经》)。《菩萨庄严经》卷2,竺佛念译;《佛陀宝藏经》卷4,鸠摩罗什译(言上述二经有藏文本);《菩萨戒原本》,有二译;《菩萨毗奈耶业仪轨》,玄奘法师译;《佛说菩萨律仪》,求那婆摩译;《八供施功德》,竺法护译;《菩萨中戒律》,求那婆摩译;《五

112

居士戒》，译者同上（言以上六经无藏文）。《调和音所问清净戒律经》，有三译；《忏悔三聚经》（以上二经言有藏文），《三聚经五法》《菩萨宝藏》《普贤菩萨经》《菩萨化缘》《文殊师利忏悔过失》《舍利弗过错忏悔》《毗奈耶法三昧耶》《佛说十善道》卷1，天竺班智达实叉难陀译。

其次，小乘律藏经有：《大众部毗奈耶经》卷40，天竺班智达佛陀跋陀罗和译师法显译（说有藏文本）。《一切有部毗奈耶经》卷60，班智达毗摩喇差译（说此经有藏文，但此经内容比藏文更广）。《说有部毗奈耶》卷55，义净和尚译；《说有部毗奈耶经中比丘尼智》卷40，译者同上；《有关毗奈耶杂事》卷40，译者同上（言以上三经均无藏文）。《说有部祷祝及业力等》卷10，译者同上；《化地部毗奈耶》卷30，罽宾班智达佛陀师利译；《守护部毗奈耶》卷60，班智达佛智和竺佛念译（言以上三经有藏文，但此三经内容更广）。《大众部比丘父母别解脱》卷1；《说有部比丘父母别解脱》卷1；又《说有部比丘父母别解脱》卷1；《护地部》卷1；《护法部》卷1，同经异译1卷；（言以上均与藏文相同）。《迦叶部别解脱》卷1，般若流支译；《佛说沙弥戒和现行》有四译（言无藏文）。《舍利弗请问经》《说一切有部一百零一羯摩》（说此无藏文）。《沙门一百零一羯摩》《说有部比丘戒律略摄》《优婆离请问经》卷一（说以上三经有藏文）。《化地部业仪轨》《护法部业仪轨》，同经异译卷1《比丘尼业仪轨》（言以上四经无藏文）。《护法部毗奈耶中道宣戒师所编羯摩仪轨》卷2；《怀晖和尚所编父母羯摩仪轨》卷3；《为众生主母请问经》《讲说如实和非真实比丘》《讲说败坏戒律异熟》《佛说清除戒律畏惧》；《近士五学处经》（言以上五经无藏文）。《说有部毗奈耶章节划分》卷5，天竺论师毗沙伽著，义净译；零星经文《祷祝》《羯磨》各1卷，义净译（言三经都有藏文）；《五百问》卷1，无译跋（无藏文）；《根本说一切有部毗奈耶略摄》卷20，天竺论师胜友著，义净译；《毗奈耶所需摄义》（言二经均有藏文）。《讲说毗奈耶真性及言词》卷10，竺佛念译；《佛陀苾达摩》卷2，天竺论师真谛译，

（言有此经，属《本母》类者，无藏文）。《毗奈耶因缘经》卷8，无译跋（亦有持《本母》者）；《沙门三千现行》卷2，大译师安世高译。《说有部律藏品》卷9；《说有部律藏品注疏》卷1；（言此三经无藏文）。《药事》《布萨事》各卷20；《出家事》《皮革》《安居》《解制》《衣事》等计卷10。《沙门十法》《沙门五法》《目犍连请问经》《解制》《沙弥十戒》《讲说五布施》等各1卷（言此六经无藏文）。《羯磨仪轨》和《学处》各卷一，即曾由八思巴大师编排的诸经。

（划分部派的普遍主张是，正如《布敦宗教源流》中所说："跋洽说，大众和上座二部是根本。"认为上座部是说有部、化地部和法护部的根本。一般引用枳吉（藏文梵音译，似指摩揭陀国频婆娑罗王——译者注）王所见之梦，即佛在世时，频婆娑罗王梦见一金杖折成十八段，王心生疑虑，于是向佛请教。佛授记于彼道，此为未来佛法分为十八部之预兆。此语见于由僧伽罗国迎请之一毗奈耶注疏经。）

原本第三编论藏，分为大小二乘。

首先（大乘论藏）。为顺从诸经部师等之意愿，将（大乘论藏）被认定为《本母》。主张从遍于经律二藏，或从间隙中将大乘论藏经摘录出来。因对法七论是佛语之注疏，故应作为论典，与此同一类型的一切（佛语）注疏论点皆被取名为"摄入论藏"。《般若波罗蜜多广释》，龙树著，鸠摩罗什译（言此经无藏文，有略考之必要）。世亲所著《十地注释》，菩提流支译；《弥勒所问注释宝积总释》卷4，无跋，译者同上。《顶髻宝请问经注疏》，世亲著，毗目智仙译。《佛地注疏》卷7，师光著，玄奘法师译。《金刚经注释》卷2，其中一卷由昙摩迦罗译，另卷为不空金刚译。《金刚经注释》卷4，世亲著。《金刚经注释》卷2，吉祥施著，提婆伽罗译。《象头山经注释》卷2，菩提流支译；《妙法莲花经释》卷1，世亲著，连那摩底译，无跋；《梵志差异心请问经疏》，无跋（说以上三经有藏文）。《涅槃经疏》，世亲著，达摩菩提译。《涅槃大小二经注疏》，无跋；《长寿经注释》，世亲著，

114

菩提流支译；《三圆满经疏》，世亲著（言以上二经有藏文）。《此法轮（指三圆满经——译者注）之注疏》，世亲著，毗目智仙译。

上述诸经是注释佛语之论典，现将述说关于各自为使佛语义一脉相承而所著之论典。《慈氏五论》卷8，玄奘法师译；说此经有真谛译本卷5、达摩达那译本卷12，但均不如此百卷完整。《佛法宗旨明述》卷20，无著著，玄奘法师译（言有藏文）；《慈氏五论简释》，胜军著，译者同上。《佛法宗旨明言品》，无著著，译者同。《讲说弥勒菩萨所说了义》，译者同上。《大乘论藏》卷7，无著著，译者同上。《大乘论藏》卷16，安慧著，译者同上（言以上五经无藏文）。《根本中观颂般若注疏入中论》卷4，青目论师著，鸠摩罗什译。《注释智慧灯》，亲辩著，跋罗波弥多罗译。《十二门》，龙树著，鸠摩罗什译。《十八空性》，无跋。《中论百字本注》，圣天著，鸠摩罗什译。《中论百字正文详解》，圣天著，玄奘法师译（言以上四经均无藏文）。《中论百字详释》卷10，吉祥法护著，玄奘译；《十地注》卷4，龙树著，鸠摩罗什译（言二经无藏文）；《讲说二资粮》卷6，龙树著，昙摩掬多译。《弥勒口诀无著笔录大乘庄严注释》卷13，跋罗波伽罗弥达多译。《弥勒秘诀注释》卷15，马鸣著，鸠摩罗什译（言上述三经有藏文）。《随顺中论》卷2，无著著，般若流支译（言无藏文）。《大乘摄义》卷3，无著著，真谛译。《大乘摄义》《大乘详说》各卷1，著者同上。《大乘广疏四类》，世亲论师著。《如来藏论》《论议注释》，无跋。《辩中边论偈品》《辩中边论偈品注疏》卷2，世亲著。《讲说究竟成就为一乘》，无跋。《行为成就因》卷2，世亲著。《量门》卷2，陈那论师著。《入量门》，商羯罗论师著（言以上三经有藏文版）。《显明心识法》《转依心法》（言无藏文）。《唯识二十》，世亲著；《唯识三十》，世亲著。《讲说唯识宝生》卷5，吉祥法护著，义净译；（言无藏文）。《唯识成》卷10；《上士论》，提婆伽罗译（说前二经有藏文）。《入大乘》卷4，安慧著，道泰和尚译。《大乘掌上珠》卷2，无垢智慧著，玄奘译。《五蕴品类》，无跋（说有藏文）。《五蕴品类》，乐施著。《宝行王》《大乘信修》

卷2，马鸣菩萨著（以上四经说无藏文）；《发菩提心次第》《讲说三轮无境相（所缘）》《讲说善巧方便心》《讲说胜义谛永恒》《讲说不存杂念》《缘起修习》（言以上六经均无藏文）。《缘起修习》，吉祥法护著，义净译（言此无藏文）。《回诤论》，龙树著，毗目智仙译。《讲说缘生因缘》，龙罗摩伽著。《十二缘起起源》，无垢智慧著，菩提流支译（说此经有藏文）。《义叔鲁迦论典》《讲说近取因世俗》《修习法相偈品》《止观双运入门偈》《手杖论典》，释迦称著；《讲说从六门起学习次第》《法界无分别》，安慧著。又《法界无分别》，无跋；《百法门》，圣天著；《百字根本》，圣天著；《普遍相违和现量证悟》卷2，姿那菩萨著（言以上四经有藏文）。《破斥外道和小乘四续》，圣天著；《反驳外道和小乘涅槃》，圣天著（言二经有藏文）。《缘起因》卷1；《续金刚杵所生发菩提心法》；《摄一切般若波罗蜜多义》，陈那著，施护译；《摄一切般若义》卷4，三宝持著（言二经无藏文）。《菩提心释》卷4，莲花戒著，译者同上。《离持菩提心》，龙树著，译者同上；《大乘二十》，龙树著，译者同上。《六十偈》，著者及译者均同上（言四经均有藏文）；《一切妙法义摄》卷2，寂贤著，译者同上。《大乘义摄》卷2，佛吉祥著，译者同上。《除有边》，龙树著，译者同上。《一切宗轮名义抉择》，弥勒菩萨著，译者同上。《金刚锥论典》，吉祥法称著，达摩提婆译（此经是否《金刚屑因》或别名《金刚荆棘》，待考。以上五经言无藏文）。《大乘义摄》卷10，无跋，竺法护译。《中论见次第》卷18，乐施著，译者同上。《广说菩提心修习》卷25，法称论师著，日称译师译（认为此经是大乘派急需之不共法）。《佛本生鬘论》，马鸣著。《佛本生鬘论》卷16，提婆萨摩著，邵德等人译。《上部宗轮[14]事义论》卷8，马鸣著，真谛译。《大乘总释》卷10，龙树著，法谛摩多译（言以上六经中前五经无藏文本，据说唯独最后一经有藏文，但未见）。

其次，小乘论藏有，《阿毗达摩发智论》卷30，迦多衍尼子著，罽宾班智达僧伽提婆和竺佛念译；又《阿毗达摩发智论》卷20，大译师三藏玄奘法师译。《阿毗达摩法蕴足论》卷12，目犍连著，译者同上。《阿毗达摩集异门足论》卷20，舍利子著，译者同上。《阿毗达摩识身足论》卷16，提婆设摩著，译者同上（言此经佛涅槃一百年后著）。《阿毗达摩界身足论》卷3，世友著，译者同上（言此经佛涅槃三百年后著）。《阿毗达摩品类足论》卷12，世友著，求那跋陀罗和菩提耶舍译。又《阿毗达摩品类足论》卷18，世友著，玄奘法师译。由胁尊者等五百罗汉完整结集之《七论宗旨》（指以上《阿毗达摩发智论》等七论——译者注）。《阿毗达摩大毗婆沙论》卷60，天竺论师佛陀瓦摩和道泰译师译（言此经佛涅槃四百年后著）；此外《阿毗达摩大毗婆沙论摄义》卷200，玄奘法师译；《阿毗达摩俱舍论》卷22，世亲著，真谛译；《阿毗达摩俱舍释论》卷1，世亲著，玄奘法师译；《阿毗达摩俱舍论》卷30，造经者与译者同上（言以上诸经有藏文，此处自"舍利子造《法蕴》"至"据称俱瑟祉罗造"间的老话与通用老话略异。但大元居士王曲所编《三藏目录》中亦有如此相同之语，故此汉藏合璧片段仍予保留矣）；《毗婆沙论大广释》卷80；罽宾集贤著，译者同上；《毗婆沙论广释》卷40、译者亦同上；《俱舍藏》卷4，法王著；《俱舍藏释》卷4；《俱舍藏释注疏》卷6，乌跋扇多著；《俱舍藏释注疏释》卷11，僧法护著；《阿毗昙甘露生味论》卷2，尊者瞿沙著；《一切法非自性成就论》，求那弥多罗著；《跋苏弥多罗摄品》卷10（此佛指跋苏弥多罗，译注。是弥勒佛后成证觉之未来佛号称狮子者，此佛又同薄伽梵同处一时，世尊涅槃后即造此论典。言此经无藏文）；《皈依三宝》《入对法藏》《真实成就》卷20，哈利沃摩著；《阿毗达摩世间施设论》卷10，无跋（言略考）；《道论》卷12，乌跋底沙尊者著；《对法藏》卷22，舍利子著；《集异门论品》《界身论品类》，尊者法护著；《发智论品类》卷14，《三有论》卷3；《讲说三宝和诸大声闻最上功德》卷4；《四谛释》《缘觉因缘》《声闻十八部之分法及其差别》卷3（言以上六经均无藏文）；《施设莲》卷7，无跋，竺法护译（言有藏文）。《对法藏义释》卷3，弥多罗著，玄奘译（言无藏文）；

八思巴曾经所造《知识骄阳》亦载入现有《甘珠尔》经内。

附带收录的难以分类之杂论有，《宣说诸佛功德》《妙法义论》《僧侣所作规章》《破斥邪分别》。言及此等属于共同明类，即以五种形式所概括。在天竺形成和于本地所造二者中，首先（天竺形成的）有马鸣菩萨所造《佛本生传二十八品》卷5，达摩达那译（言此经无藏文）；密主所造《佛本生传三十一品》卷7，宝云和尚译（说有藏文）；《百羯摩》卷10，无跋，支谦居士译（言有藏文）；法护尊者所集《因缘品》卷20，竺佛念译（说无藏文）；《贤愚经》卷13，慧觉译师等译（言无藏文）；《菩萨地次第》卷1，《菩萨地次第详论》卷6，此二经皆由僧护所造；《佛本生传》卷3，僧护著；《百喻经》卷4，僧伽斯那著；《佛本生传》卷3，僧伽斯那著（言以上五经无藏文）；《大乘六十六行》卷3，大译师智岸译；《佛教付法藏师传》卷6；《三昧地次第》卷2；《四界论》《二乘行和各种功德》《大迦叶礼供遗骸备忘录》《贬低贪恋》《讲说学习四次第》《密主之悲鸣》《迦多雅所说灭法时偈》《外毗奈耶》《内毗奈耶》《佛过去之各种加行》卷8；《岁严比丘调伏单身王》《五定门》《不净修习次第》《三摩地略修》卷2《三摩地略修》卷1；《除贪》《观身》《修法》《修习义摄十二宏化》，菩提流支译（言此经无藏文）；《杂喻》卷2；《杂喻》比前略详；又《杂喻》《阿输伽（即指阿育王——译者注）喻》有二异译本；《阿输伽授记》《阿输伽的故事》卷7；《阿输伽之眼根衰微因缘》《四阿含暮抄解》卷2，婆素跋陀著；《因缘品喻》卷2；《因缘品合前喻》卷4，法护采集；《第一次结集备忘录》《结集时降魔》《讲说三智慧》《五阿毗达摩法》《阿毗达摩十二缘起》《小地道（地道是大乘菩萨十地和五道的略称——译者注）》《文殊师利誓愿》《六菩萨名号功德》《五千赞》，摩地支多罗著《观世音赞》《缘起喻》《马鸣传》卷1《龙树传》卷1；《圣天传》卷1《无著传》卷1，即诸同门传各卷1；《劝诫亲友书》；《宾度罗跋罗堕尊者教诫乌陀罗衍王之杂喻》；《迎请宾度罗跋罗堕尊者》卷1，慧坚和尚译（亦称《迎请尊者》）；马鸣菩萨所造《业果论》；

迦定尊者所造《浊世语》《喜亲友阿罗汉的故事》卷1，玄奘法师译；《嘿摩七十即化生仙迦毗罗讲二十五有》卷3，真谛译（说此经属外道论典）；智慧月所造《十要义》卷1，玄奘法师译（言此经亦如上）；《入菩萨行论》卷4，提婆扇多译；《因缘品摄》卷4，译者同上，《妙法品类》卷1，施护译；《菩提心修习教授》，达摩提婆译；寂友所造《薄伽梵赞》卷3，施护译；《观世音赞》《三身赞》《佛陀一百零八名号赞》《度母赞》《文殊师利一百零八名号赞》又《观世音赞》《犍稚功德论》《八宰堵波名号》《八宰堵波赞》；又《三身赞》《七佛赞》《一百偈》《大誓愿》，龙树造；胜军所造《百喻经》；龙树所造《法界赞》《六趣偈》龙树菩萨所造《二资粮摄品》卷12，日称大译师译；马鸣所造《佛说答离系子所问无我》，译者同上；马鸣所造《五十上师》，译者同上；马鸣所造《六趣轮回法》，译者同上；马鸣所造《讲说十不善异熟》卷1，译者同上；天然修成论师所造《一切诸法义摄》卷10，译者同上。

　　其次（本地所造的）有，僧祐[15]和尚所造《释迦谱》卷10；持律师道宣[16]所造《释迦氏谱》卷1；道宣所造《能忍境界庄严》卷2；《大情器世间庄严》（此经即指《经律异相》——译者注）卷50，宝唱[17]和尚等人造；《陀罗尼集》卷10，含185种；《摄诸法之急需》卷20；《三藏法品类大备忘录》卷15；《隋朝开皇年前后二目录仁寿年目录大唐内典录大唐内典录增录先后译师表格先后译师表格增补女皇武则天时所编目录》卷15；《开元录》卷20；《依名释义》卷25；《华严经释名圣境庄严》（即指《大唐西域记》——译者注）卷12，玄奘法师造；《释道之别》卷4；《释道之别补遗》卷4；《集神州三宝感通录》卷3；《出家人不许对俗人说敬语》卷6，彦琮和尚造；《玄奘法师传》卷10；《五十六名曾赴天竺但未竟之业而荒废学业之僧人传大译师法显传高僧传》卷14；《高僧传补遗》卷30；《除邪分别》卷8；《破邪论》卷2，此经分两部；《除十疑惑佛法次第论》卷14；《佛法次第论补遗》卷30；《忏悔总括迎自僧伽罗之学处准则》卷4；

《比丘尼传》卷3；《三事仪轨略说受用三水救生实用大依名释义》卷100，慧苑[18]编；《大依名释义增补》卷10；《大和尚法琳[19]传贞元录》卷3；《必需杂品》卷100；《甚深陀罗尼总汇》卷30，定林和尚汇编；《诸佛菩萨名号汇总》卷22，思幽和尚汇编；《如愿降生贤界法》卷20，无浊和尚编；《华严经数章齐赞》（南朝刘）宋孝武帝造；《华严经疏注》卷100，灵辨和尚造；《华严经数章详论》卷30；《维摩诘所说经疏》卷30，鸠摩罗什造；《世尊遗嘱注疏》卷1，无译跋；《三宝赞》卷1，此经由（南朝刘）宋孝明帝造，并由其丞相吕夷简为此经造注释。《四十二章经释》；无译跋。宋仁寿慈圣太后所造《誓愿本注》，其臣白秀所造《发菩提心次第》。文殊师利化身清凉国师[20]所造《华严经注疏》卷40；《华严经注疏摄义》卷10；《华严经注疏广论》卷60；道衍和尚所造《金刚经疏》卷6；窥基法师[21]所著论典有：《成唯识》卷10；《成唯识摄义》卷3；《往生兜率天经释》卷2；《量疏》《百法诀窍偈品慈氏五部小节注疏偈品》（即《弥勒上生疏经》——译者注）卷2；《佛法宗旨树林》（即指《大乘法苑义林章》——译者注）卷6。义中所造《百法疏妙集遍聚》，智觉禅师造；又有窥基所造诸论典，即《量疏注释》卷3；《般若心经疏极乐世界庄严疏》卷2；《他部律仪疏》卷1《弥勒授记疏》卷1；《妙法莲华经疏》卷10；《弥勒法总汇》卷16。清竦和尚所造《五寺广论》卷41；《五寺广论本注》卷20，崇昱和尚造；天台智者大师所造《妙法莲华经疏》（即《法华玄义》—译者注）卷10;《妙法莲华经疏注释》（即《法华玄义释谶》—译者注）卷10；智者大师再传弟子湛然[22]造；又智者所造《妙法莲华经注释》（即《法华文句》——译者注）卷1；《妙法莲华经注释疏》卷10，湛然造；智者所造《摩诃止观》卷10；湛然所造《摩诃止观疏》卷15；章安尊者所造《涅槃经广论》卷15；《涅槃经略论》卷2；又智者论师所造约论典有：《金光注疏》大小卷2（即指《金光明文句》。译者注）；《不空羂索传深义无量寿佛修习作明四教义》卷4;《四念住论》卷4;《修心次第广论》（即《观心论疏》——

译者注）卷 2，智者弟子灌顶造；《菩萨律仪广论》卷 2，智者造；《止观大意》，湛然造；《修心次第》，智者造；《金刚錍论》，湛然造；《国清百录》，灌顶造；《入法界门》卷 3，智者造；《止观品类》，湛然造；《极广三摩地》，弟子荆溪（即湛然——译者注）造。《禅定波罗蜜多次第》卷 10；《维摩诘所说经疏》卷 10；又《维摩诘所说经疏》卷 6；《不空羂索传注疏》卷 2；以上四经均由智者大师造。《法华三昧之精华》荆溪造；《三摩地六门》，智者大师造；《法灯传承宝品》宋（南朝刘宋——译者注）臣杨义等人编撰，共卷 15；惟净和尚所编《梵文原本经》卷 7；《现证菩提大曼荼罗仪轨》卷 18，宗密和尚造；《法灯大传承次第》卷 31，镇国公节度使驸马都尉李旭（音译）造；《祥符录》（即《大中祥符法宝录》——译者注）卷 22；《景祐录》（即《景祐新修法宝录》——译者注）卷 21；法灯所造《传记宝苑》卷 9；《大悲曼荼罗仪轨忏悔次第》卷 10，智公、宝雄二和尚编撰；《译序目录定夺录》卷 30；《宝藏论》卷 3，大禅师佛灵验造；《甚深义论品》卷 6，大元翰林学士安藏编撰（在现存佛语、论典中未含此二经书和上述《梵文原本经》）。如此曰：

译于神州大地一切经，

汇入佛语论典三藏中。

因是大乘经藏二百又，

二十一函果为持明藏[23]，

六十函加函六十一。

小乘经藏函数五十七。

大乘律藏毗奈耶五函，

小乘律藏函数五十一，

大乘论藏函数六十二。

小乘论藏函数七十三，

附加天竺论典二十一。

此处所著一百五十三，

总经函数七百零四函，

大元朝代以后亦如此。

注释：

[1] 开元录：即《开元释教录》。佛教经录，唐开元十八年（730 年）智昇著，20 卷。前十卷为总录，以译人为主，记载东汉至唐 19 个朝代所译经典目录及译者传记，最后附著作目录，共计 176 人，总计入藏经典 1076 部，5048 卷。

[2] 贞元录：即《贞元新定释教目录》。佛教经录，唐德宗贞元十六年（800 年）圆照奉敕著，36 卷。录东汉明帝至唐贞元十六年译者 187 人，大小乘佛典及撰述共 2447 部、7390 卷。

[3] 答耳麻八剌剌吉塔：元朝帝师八思巴之侄。八思巴弟恰那多吉之子，曾任元朝帝师。

[4] 深、广二法：深即由文殊菩萨口授龙树师徒辗转传出的大乘佛教名为深观法；广即由弥勒菩萨口授，经无著、世亲等人传出的大乘佛教修道次第，名广行法。是指深观和广行二法。

[5] 安藏：藏文格桑的变音，意译贤劫，此人是藏族，参与过《至元法宝勘同录》之编撰。

[6]《至元法宝勘同录》：略称《至元录》。佛教经录，元朝庆吉祥等奉敕著，10 卷。分类编录自东汉永平十一年（68 年）至元朝至元二十三年（1285 年）194 人所译著的佛典 1644 部的目录，并校勘"蕃"（西藏）、

汉两种文字佛典的异同。主要特色是：大乘经首次分显教、密教；按元版藏经目录为序，把藏、汉两种文字的佛典进行互校，注明二者异同、有无、多寡、并用汉文标注佛典题目的梵文译音。

[7] 前弘期：指西藏前弘期佛教。从吐蕃王朝赞普松赞干布起（7 世纪中叶），直至赞普赤祖德赞·热巴巾末年（9 世纪中叶）为止，约 200 余年。分三个主要时期：松赞干布时期为初兴时期；赤松德赞时期为发扬时期（742—797）；赤·热巴巾时期达到高峰。至朗达玛继位，大事灭佛（841 年），佛教几被灭尽，前弘期至此终结。

[8] 犍陀罗国：一古印度王国，位于今巴基斯坦的白沙瓦及其毗连的阿富汗东部一带。其国曾以佛教艺术著称于世，尤精于雕塑。

[9] 指鬘：梵文音译为央掘魔罗，古印度一国王名。此王性情凶残，曾诛 99 人，取每人一指节，拟为项鬘，但因不满百数，欲害释迦佛以凑足百数，经佛用佛法引导，从佛出家，后证得阿罗汉果。

[10] 金刚智和尚：似指唐代南天竺摩赖耶国僧人、汉区密宗创始人之一。待考。

[11] 前三个目录：指《开元释教录》《贞元新定释教目录》和《至元法宝勘同录》。

[12]《俱毗罗秘密心》：佛经名称。俱毗罗，梵文（Kubera）的音译。意指婆罗门教、印度教的财神。在佛教文献中，被称为护法四天王之一北方毗沙门天王，即"多闻天王"。

[13] 热派：热指热译师，即出生"热"地区的译师，本名多吉扎巴。热派，乃热地译师多吉扎巴所传密乘教规。

[14] 上部宗轮：指佛教的中观派和唯识派。

[15] 僧祐：南朝齐、梁时僧人（445—518），佛教史学家，俗姓俞，

开诸佛寺搜藏佛教文献之先，编著有《释迦谱》等多种论典。

[16] 道宣：唐代僧人（595—667）。律宗三派之一南山宗创始人，佛教史学家，世称南山律师。曾为长安西明寺上座，参加玄奘译场，负责润文。学识渊博，著述颇多。

[17] 宝唱：南朝梁僧人，俗姓岑。齐末避难至江南福建一带，梁天监四年（505 年）回到京师，敕为新安寺主。曾参与僧伽婆罗译场。受梁武帝之命，抄集经律，以类相从，编撰《经律异相》等经。

[18] 慧苑：唐代僧人，是法藏法师上首弟子，曾著有《续华严经略疏刊定记》，对师说有所修正，后被澄观指为异端。

[19] 法琳：唐代僧人（572—640），俗姓陈，曾著《破邪论》《辩正论》等佛教论典。

[20] 清凉国师：即澄观（738—839），唐代僧人，华严宗四祖。俗姓夏侯。11 岁出家为僧，贞元十一年（795 年）年唐德宗生日时被召入内殿讲经，据说"以妙法清凉帝心"。帝遂赐号"清凉法师"。又有一说因常居清凉山即五台山，故赐号"清凉"。参与般若三藏译天竺乌荼国所进《华严经》。元和五年（810 年），唐宪宗加号"大统清凉国师"，并敕有司铸金印。著述很多，传说有 300 余卷，对华严宗的发展起到很大的推动作用。弟子一百余人，著名的有宗密、僧睿、宝印等。

[21] 窥基：唐代僧人（632—682），法相宗创始人之一。俗姓尉迟，17 岁出家，奉敕为玄奘弟子。著作亦颇多，号称"百部疏主"。因常住慈恩寺，世称"慈恩大师"。弟子有慧沼等。

[22] 湛然：唐代僧人（711—782），天台宗九祖。俗姓戚，世居晋陵荆溪（今江苏宜兴南），世称"荆溪大师"。又称"妙乐大师"。原是儒家子弟，38 岁出家。

[23] 持明藏：三毒即贪、嗔、痴三者并治，三藏即经、律、论兼收之经藏，亦即密乘藏，别名第四藏。

结 语

　　再次附笔数语，上述所谓"宗门"一词并非从密宗怛特罗中讲说和诸声论师中传说之名词，即非通过文字能学到的，而是类似《旧史》中所载莲花戒与和尚二者初次相见时双方立即以信号试探对方的故事。复次，《布敦宗教源流》中说亲教师白央和益旺二者各持"顿门"和"渐门"之偏见互相批驳辩论。细考起来，彼二者（即顿门和渐门——译者注）均为智者大师和清凉国师师徒之见解，亦属诸入次第之类，并为适合引导的补特伽罗讲说门类而已，而在此地并未分裂成宗派。同样，黑白云之喻，其义是为排出未执受出离菩萨之善与非善所致乐与苦之果，具如云之显色般的差异，但其不能成为解脱和遍智之因，故仍摄入轮回类，尤如云遮虚空一样无颜色之别。至于所谓"无所想，无所事事"，宗喀巴大师说，在诸显密教法中如此阐述，似虑及证得本性之补特伽罗，即诸通达任运成就者之

127

特点也。至西藏之和尚，却反解其义，彼将其义释为凡夫俗子与共同之法，致使许多愚痴者引入断见。此弊端被莲花戒和益旺二贤者彻底清除，确实恩重如山。但如若只此缘故谓之"和尚之见"，列入断见名目中，非也。即非所有（和尚）也，而仅仅指上述和尚一人。

桂译师益桑孜娃[1]所著《青史》及《竹癫贡噶勒巴传》中所记史实与《布敦宗教源流》亦有不同之处。复次，（余）认为许多大师之宗所持之一些或绝大多数（观点）与《圣八千颂》中所说"善知识，何时诸如来阿罗汉正等觉于世间不出现，彼时善知识，如是依此智度之明咒，善知识，前闻诸大菩提萨埵所具智度之因皆相同，故成为具善巧方便者。善知识，彼等具悲悯诸有情者，为悲悯，依此世间分辨诸十善之羯磨道于世间；分辨不具觉分之四静虑于世间；分辨不具觉分之四无限于世间；分辨不具觉分之无色四等至于世间；分辨不具觉分之五通于世间。善知识，如是譬如依月轮如实显现和普照一切药物及星辰之力与威势；亦如实显现诸行星之力及威势。善知识，同样（毫无疑问，此授记完全成立以前所说日称佛之理由），如来阿罗汉正等觉佛灭后便毁妙法，当诸如来阿罗汉正等觉佛不出现于世间时，某人奉行佛法，某人亦同行佛法，某人静行佛法，某人善行佛法。凡是彼等一切施舍和修行于世间者，均为菩提萨埵所辨别，摄入菩萨之善巧方便中。诸菩萨之善巧方便亦产生于智度"相同，对此确信无疑。

诗曰：

撰著经典虽不具条件，

仅以修习供养及善心，

尽余力之所及录于此，

剩缺之罪余当悔见谅。

善引初学者之琵琶声，

婉转重在了义而不同，

随眠偏执水鸥叫唤之,

歪曲诬蔑噪声相混合,

堪忍思择正当公正话,

畅谈夏鼓(即雷声——译者注)隆隆作响时,

公正有识之士如孔雀,

不由打动坚心乃自性。

依附此处数人妙汇增,

反之或许被阻祈至尊(即文殊菩萨——译者注),

敬请加持亦请阎罗王,

鬼卒从事常时增护业。

　　如是云云。神州,即以神之州为著称,又称为胜州,此乃汉地矣。关于在此汉地出现妙法之情形撰稿,是自三世佛王瓦赤喇怛喇达赖喇嘛索南嘉措善吉祥,将以土墨特俺达汗及其承袭者为首授奉为己之绍圣,即化机不分远近之顶髻饰以来,由多辈西尔克图呼图克图[2]坐床,或继承活佛之名号。自大明万历皇帝直至今日,历辈活佛都勤修经律论三藏经,以致成为其精通者。因彼等对讲辩著三者无所不通,给居于东北方之佛法众生以不依他力之大恩大德。尤其是,自从余父起,在世间和出世间两方面,对我家两代人之恩泽无与伦比。(活佛)在贤、正、善三方面充分显示出天然而生及修习所得之二力。此奉旨向凡属青城(即今内蒙古呼和浩特市——译者注)之所有喇嘛僧人进行世间和出世间两种规矩之有益教诲者、具扎萨克大喇嘛即律主大喇嘛之头衔和职位者,乃前世(西尔克图活佛)也。彼将俺达汗时期的以《大般若经》为主之许多《佛教经典》译为蒙古文,使黑暗之州变成白昼。故在蒙古声望极高,被称为西尔克图国师班智达。此人天顶髻饰之转世活佛(即作者生活时代的西尔克图活佛——译者注),赐余响铜吉祥大威德佛像一尊和稳而疾行之坐骑一匹,以及纸墨等诸多有利

129

条件，并面谕如此这般行事。余未敢违命而接受之。由《摩诃支那正统大档案》《高僧传》和先后之《三藏经目录》中零星抽取后，于学校、《甘珠尔》室、幽静之处——慈氏洲、香山幽静处——无量寿洲、日山幽静处——上佳梯（音译）等各处如应编撰（《汉地佛教史》），并对地点、人物等之名称予以释解。对能译和须译方面，相应地进行义译或音译。除此之外，无论是否讹语，均保持原样。宗教术语中大多理解者均如藏文佛经翻译，在费解和因繁忙而无暇考证者中，易译部分亦相应作义译或音译，而对难译部分则如上均保持原样。做上述收录、翻译及保持原样等工作者，是已故活佛之亲传弟子和施主成吉思汗之种姓能讲四种语之居士、周游者贡布嘉（汉义为救怙主，指作者本人——译者注）。尚且正如所谓"如若不学成智者，因果如何成真谛。"因（余）只阅读许多破旧经书，但未曾学习过，故不能加入智者之列，此乃毫无疑问之事。（余）地穴般之口中讲不出箴言亦是事实。为此若有与一般经典学说不符合诸大授记相违者，总之包括（此著）因非母语而说错话，以及数错数所致之余缺之误在内，所有一切过错，恳请一切诸智者予以宽恕为谢。愿以所得之些许净善，为利乐之本所译之一般译著，尤其是具三印之微妙法宝，特别是至尊宗喀巴大师之（格鲁）派体系，于所有一切地方永存振兴，一切吉祥。

如是，清朝第四代乾隆皇帝时期，由贤公大译师贡布嘉所著《汉区佛教源流记》因（贡布嘉）久扬大遍智司徒大师先生之大名，故为考证其（即《汉区佛教源流记》——译者注）是否具有了义起见，经驿使将其赠予（司徒），此外还将《蒙藏合璧大辞典》《佛之身量》《金刚寿陀罗尼经》《金刚寿陀罗尼经修习法》《秘密舍利陀罗尼》和新译《无二尊胜经》开首缺一页、《天文历法》等前所未有之诸宗教礼品亦均赠送与彼。

愿得吉祥，文殊净土摩诃支那区，如何传播振兴佛教之善说确凿原文付梓由德格伦珠印经院完成。如是心怀使遍智上师绛央钦孜如愿以偿之愿望矣。

注释：

[1] 桂译师益桑孜娃：即桂译师旬奴白 (1392—1481)。明代藏传佛教噶举派一著名高僧，著述颇多，尤精于译经。于 1476 年至 1478 年间，完成西藏历史名著《青史》。

[2] 西尔克图：又作锡日图或作噶尔丹西勒图，1736 年随章嘉一同往清廷，被封为国师。